大展好書　好書大展
品嘗好書　冠群可期

大展好書　好書大展

品嘗好書・冠群可期

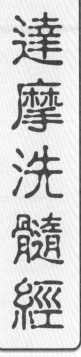

達摩洗髓經

●國術古本 ●本衙藏板

南竺達摩祖師著

慧可禪師譯

大展出版社有限公司

國家圖書館出版品預行編目資料

達摩洗髓經 / 達摩祖師著；慧可禪師譯；嚴蔚冰編著
－初版－臺北市，大展，2009【民98・09】
208 面；21 公分－（養生保健；41）
ISBN 978-957-468-707-7（平裝附影音光碟）
1.. 武術
528.97   98012786

達摩洗髓經

著　　者／達摩祖師
譯　　者／慧可禪師
編 著 者／嚴 蔚 冰
發 行 人／蔡 森 明
出 版 者／大展出版社有限公司
社　　址／台北市北投區（石牌）致遠一路 2 段 12 巷 1 號
電　　話／（02）28236031・28236033・28233123
傳　　真／（02）28272069
郵政劃撥／01669551
網　　址／www.dah-jaan.com.tw
E－mail／service@dah-jaan.com.tw
登 記 證／局版臺業字第 2171 號
承 印 者／傳興印刷有限公司
裝　　訂／眾友企業公司
排 版 者／ERIC 視覺藝術
初版 1 刷／2009 年（民 98 年）9 月
初版 2 刷／2015 年（民 104 年）11 月　　　　　定價／400 元

菩提達摩禪師

易
筋
以
堅
其
外

慧可禪師

洗髓以清其內

目　錄

《洗髓經》（上卷）

易筋以堅其外

《洗髓經》（下卷）

洗髓以清其內

《洗髓經》傳承與心得

易筋以堅其外

附錄《洗髓經》抄本

洗
髓
以
清
其
內

達摩洗髓經

南竺達摩祖師

翻譯《洗髓經》意序

《洗髓經》正文

洗髓以清其內

宋少保岳鵬舉鑒定

洗髓骨道經

本衙藏板

校正無訛

翻刻必究

翻譯《洗髓經》意序

　　《易筋》、《洗髓》俱非東土之文章，總是西方之妙諦，不因祖師授受，予安得而識之，又焉自而譯之也哉。

　　我祖師大發慈悲，自西往東，餐風宿水，不知幾經寒暑，登山航海，又不知幾歷險阻，如此者豈好勞耶？悲大道之多歧，將愈支而愈離，恐接緒之無人，致慧根[①]之淹沒，遍觀諸教之學者，咸遂末而忘本，每在教而泥教，隨見流而債源，忽望震旦[②]，白光灼天，知有載道之器，可堪重大之託，此祖師西來之大義也。

　　初至陝西敦煌，遺留湯缽於寺，次及中州少林，面壁趺跏九年，不是心息參悟，亦非存想坐功。總因因緣未至，故靜坐久留，以待智人參求耳，及祖師示人，為第一義諦[③]間者，多固執宿習，不能領略，再請予何人斯幸進，至人耳提面命，頓超無上正傳正覺。

　　更有教外別傳《易筋》、《洗髓》二帙。惟《洗髓》義深，精進無基，初學難解其效，亦難至，是為末後之究竟也，及其成也，能隱能顯，串金透石，脫體圓通，虛靈長活，聚而成形，散則為風，然未可一蹴而至也。

　　《易筋》義淺，而入手有據，初學易解其效，易臻堪為，築基之初起是必《易筋》之，功竟方可因之，而《洗髓》予得師傳，行《易筋》已效，將《易筋》原本一帙，藏之少林壁間，俟有緣者得之。

　　惟《洗髓》一帙，附之衣缽[④]，遠遊雲水，後緣行

至，果獲奇應。曾不敢輕以告人，又恐久傳失傳，辜負祖師西來之意，於是不揣鄙陋，翻為漢語，只求不悖經文，不敢致飾於章句，依經詳譯於後，並為序言於前，以俟智者之玩味而有得也。

釋慧可⑤謹序

【注】

①慧根：智慧的根性，為五根之一。

②震旦：亦作振旦、真丹、神丹，新譯支那。古印度人對中國的稱呼。

③第一義諦：即有就是空，空也就是有，圓融無礙，不偏於一邊。

④衣缽：衣即祖衣，缽亦稱缽盂、應器，用土或鐵製成，佛教內傳衣缽，表示有傳承法脈。

⑤釋慧可：（西元487-593）河南滎陽人，少為儒生，博覽群書，通達老莊易學。後出家，精研佛經，禮菩提達摩為師，從學六年，得付心印。被尊為禪宗二祖。

翻譯《洗髓經》總義

如是我聞時①，佛告須菩提②
易筋功已竟，方可事於此。
此名靜夜鐘，不礙人間事。

白日任匆匆，務忙衣與食。
運水及擔柴，送尿與送屎。
抵暮見明星，燃燈照暗室。

晚夕功課畢，將息臨臥具。
大眾咸鼾睡，忘卻生與死。
默者獨驚醒，黑夜暗修持。

撫體歎今夕，過了少一日。
無常③來迅速，身同少水魚。
顯然如何救，福慧何日足？

四恩未能報，四緣④未能離。
四智未現前，三身⑤未皈一。
默觀法界中，四生三有備。

六根⑥六塵連，五蘊⑦並三途，
天人阿修羅。六道⑧各異趨。
二諦⑨未能融，六度⑩未能具。

見見非是見，無明⑪未能息。

道眼未精明，眉毛未落地。
如何知見離，得了涅槃⑫意。

若能見非見，見所不能及。
蝸角大千界，焦眼⑬納須彌。
昏昏醉夢開，光陰兩俱失。

流安於生死，苦海無邊際。
如來大慈悲，演此為洗髓。

須侯易筋後，每于夜靜時。
兩目內神光，鼻中微運息。
腹中覺空虛，正宜納清熙。
朔望⑭及兩弦，二分並二至。

子午⑮守靜功，卯酉⑯乾沐浴。
一切惟心造，煉神竟虛靜。
常惺惺不昧，莫被睡魔拘。
夜夜常如此，月月須行持。
惟虛能容納，飽食非所宜。
謙和保護身，惡癘宜緊避。

假借可修真，四大⑰須保固。
柔弱可持身，暴戾災害避。
過河須用筏，到岸方棄之。

造化登成理，從微而至著。
一字透天機，漸進細尋思。

久久自圓滿，未可一蹴之。

成功有定限，三年九載餘。
從容在一紀，決不逾此期。
心空身自化，隨意任所之。

一切無掛礙[18]，圓通[19]觀自在。
隱顯度眾生，彈指趨無始。
待報四重恩，永滅迷途苦。

後人得此經，信授可奉行。
後人于授受，叮嚀視莫輕。

【注】

①**如是我聞時**：係佛經開卷語。如是，指佛說。我聞，是佛弟子聽說並記載的。時，亦作「一時」是指時空。

②**須菩提**：亦譯須浮帝、須扶提，意譯善見、空生、善觀。為釋迦牟尼十大弟子之一，善解諸法空性，常入無諍三昧，釋迦牟尼贊曰：解空第一。

③**無常**：凡是依因緣而生者，皆生滅變化，不可常住。無常有二義，相續無常、剎那無常。

④**四緣**：一因緣、二等無間緣、三所緣緣、四增上緣，因緣是一切有為法產生所不可缺的條件。

⑤**三身**：一法身、二報身、三應身，身即聚集之義。

⑥**六根**：即眼根、耳根、鼻根、舌根、身根、意根，六根能緣相應之六境。

⑦**五蘊**：亦譯五陰、五聚。意為積聚，即五種法的積聚合集，一色蘊、二受蘊、三想蘊、四行蘊、五識蘊。

⑧**六道**：一天道、二人道、三修羅道、四餓鬼道、五畜生道、六地獄道。

⑨**二諦**：即真諦和俗諦。

⑩**六度**：一佈施、二性善、三忍辱、四精進、五靜慮、六智慧。

⑪**無明**：即無有智慧，不明真實。特指對真實事、理、諦等的無知，佛教認為無明是眾生不得解脫的根本因緣。

⑫**涅槃**：佛教名相，梵文「滅」之意譯，漢譯不生不滅，為佛教修行最高境界。

⑬**蝸角、焦眼**：二句，言人身之六知，見得身外能超脫也。云：佛道是眼，此眼非眼目也。

⑭**朔望**：朔日，夏曆（農曆）初一、初二、初三，即月初三天。望日，夏曆十四、十五、十六，即月中三晚。

⑮**子午**：內丹術術語，子時、午時是人身陽氣和陰氣生發之時，行子午而交龍虎。

⑯**卯酉**：卯時，即地支的第四位，早晨五點至七點，人體氣血運注大腸經。酉時，晚五時至七時，人體氣血運注腎經。

⑰**四大**：佛教術語。即地大、水大、火大。風大。古印度醫學認為，人身是由四大和合而成，凡人體顯堅硬相的屬地大，流動相的屬水大，暖熱相的屬火大，動搖相的屬風大。萬物皆由四大集合而成。

⑱**無掛礙**：佛教名相，心無掛礙就無煩惱。

⑲**圓通**：佛教名相，頓悟圓通，則直達彼岸。即修行成功。

無始鍾氣篇第一

宇宙有至理，難以耳目契。
凡可參悟者，即屬於元氣。

氣無理不運，理無氣不著。
交並為一致，分之莫可離。

流行無間滯，萬物依為命。
串金與透石，水火可與並。

並行不相害，是曰理與氣。
生處伏殺機，殺中有生意。

理以氣為用，氣以理為體。
即體以顯用，就用以求體。

非體亦非用，體用兩不立。
非理亦非氣，一言透天機。

百尺竿頭步，原始更無始。
悟得其中意，方可言洗髓。

易筋以堅其外

四大假合篇第二

元氣久氤氳，化作水火土。
水發崑崙巔，四達注坑井。

靜坐生暖氣，水中有火具，
濕熱乃蒸騰，為雨又為露。

生人又生物，利益人世間。
水久澄為土，火乃氣之煥。

人身小天地，萬物莫能比。
具此幻化質，總是氣之餘。

本來非我有，解散還太虛。
生亦未曾生，死亦未曾死。

形骸何可留，垂老後天地。
假借以合真，超脫離凡數。

參透洗髓經，長生無可期。
無假不顯真，真假渾無際。

應作如是觀，真與假不二。
四大假合形，誰能分別此？

洗髓以清其內

凡聖同歸篇第三

凡夫多吃假，美衣飾其體。
徒務他人戲，美食日復日。
人人皆如此，碌碌天地間。
不暇計生死，總被名利牽。

一朝神氣散，油盡而燈滅。

身屍埋曠野。驚魂一夢攝，
萬苦與千辛，幻境無休歇。
聖人獨認真，布衣而蔬食。

不貪以持己，豈為身口累。
參透天與地，與我本一體。
體雖有巨細，靈活原無異。
天地有日月，人身兩目具。

日月有晦朔，星與燈相繼。
縱或星燈滅，見性終不沒。
縱成瞽目人，伸手摸著鼻。
通身俱是眼，觸著則物倚。

此是心之靈，包羅天與地。
能見不以目，能聽不以耳。
心若能清淨，不為嗜欲通。
自知原來處，歸向原來去。

凡夫與聖人，眼橫鼻長直。
同來不同歸，因彼多外馳。
若能收放心，常提生與死。
趁此色健身，精進用以力。
洗髓還本原，凡聖許同歸。

易筋以堅其外

物我一致篇第四

萬物非萬物，與我同一氣。
幻出諸形相，輔助生成意。

有人須有物，用作衣與食。
藥餌及器皿，缺一即不備。

飛潛與動植，萬類為人使。
造化恩何洪，妄殺成暴戾。

蜉蝣與蚊蠅，朝生而暮死。
龜鶴麋與鹿，食少而服氣。

乃得享長年，人而不如物。
只貪衣與食，忘卻生與死。
苟能卻嗜欲，物我而一致。

洗髓以清其內

行住立坐臥睡篇第五

行如盲無杖，自然依本分，
舉足低且慢，踏實方可進。
步步皆如此，時時戒急行。
世路忙中錯，緩步保平安。

住如臨崖馬，亦如到岸舟。
回光急返照，認取頓足處。

不離於當念，存心勿外務。
得止宜知止，留神守空穀。

立定勿傾斜，形端身自固。
耳目隨心靜，止水與明鏡。
事物任紛紛，現在皆究竟。

坐如邛山重，端直肅儀容。
閉口深藏舌，出入息與鼻。
息息歸元海，氣足神自裕。
浹骨並洽髓，教外別傳的。

臥如箕形曲，左右隨其宜。
兩膝常參差，兩足如鉤鉅。
兩手常在腹，捫臍摸下體。
睾丸時挲刓，如龍戲珠勢。

倦則側身睡，睡中自不迷。
醒來方伸足，仰面亦不拘。
夢覺詳無異，九載見端的。
超出生死關，究竟如來意。
行住坐臥篇，只此是真諦。

洗髓還原篇第六

易筋功已畢，便成金剛體。
外感不能侵，飲食不為積。

易筋以堅其外

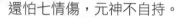

還怕七情傷，元神不自持。
雖具金剛相，猶是血肉軀。

須照洗髓經，食少多進氣。
搓摩乾沐浴，撥眼復按鼻。
摸面又旋耳，不必以數拘。
乜眼常觀鼻，合口任鼻息。

每去鼻中毛，切戒睡遠地。
每日五更起，吐濁納清氣。
開眼去小便，切勿貪酣睡。

厚褥趺跏坐，寬解腰中繫。
右膝包左膝，調息舌柱齶。
脅腹運尾閭，推腎手推搦。

分合按且舉，握固按雙膝。
鼻中出入絲，絲綿入海底。
有津續咽之，以意送入腹。

叩牙鳴天鼓，兩手俱掩臍。
伸足扳其趾，出入六六息。
兩手按摩竟，良久方拳立。

左腳亦穴然，按摩功已畢。
徐徐方站起，行穩步方移。
忙中恐有錯，緩步為定例。

三年並九載，息心並滌慮。
浹骨更洽髓，脱殼飛身去。
漸幾渾化天，末後究竟地。

即説偈曰：
　口中言少，心頭事少。
　腹裏食少，自然睡少。
　有此四少，長生可了。

翻譯經義後跋

　前譯經文，後譯名義，
　文言名義，異味可通。

　梵語達摩，華言法空，
　空諸所有，不即不離。

　人若執經，終不遷移，
　分門別曰，我慢自趨。

　同己則許，異己則毀，
　在教泥教，老死範圍。

　如此之人，迂而且鄙，
　坐井觀天，蟪蛄為期。

　祖師圓通，東遊西歸，
　只履獨步，熊耳滅跡。

易筋以堅其外

不惟葬度，且並空理，
無掛無礙，得大自在。

噫嘻吾師，天縱生知，
生於默識，幼而穎異。
少遊量度，窮有敬誼，
不泥言筌，直見淵源。

時來東土，直指性地，
解纏出縛，天人師資。

數祖洪慈，遺茲妙諦，
後之見者，慎勿漠視。

傳臨濟正念篇第七

月庵超昱緒欣內典翻譯

達摩洗髓經

● 八段錦導引法圖

一十二經筋圖

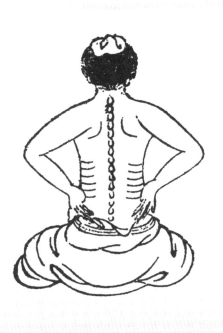

一、《達摩●洗髓經》與《八段錦導引法圖》

「本衙藏板」《達摩・洗髓經》只有文字，沒有導引圖譜，若無傳承入手無據，有關導引養生和修身養性的內容，大多集中在〈行住立坐臥睡篇第五〉和〈洗髓還原篇第六〉，由於經文是偈頌體，所以文字精簡至極，後人若無傳承很難深入。

《洗髓經》傳承至明朝，衙門（官方）在刊印《達摩・洗髓經》時為方便學人有形可依，故收錄了高濂[1]的《八段錦導引法圖》，可是只有古籍文字，學人還是很難明瞭《達摩・洗髓經》與《八段錦導引法圖》有什麼關聯？其實所有的上乘功法都是以人為本，技法也是相通的，正所謂：萬變不離其宗。上乘功法另一特點是至精至簡，正因為如此《達摩・洗髓經》一再告誡後人「視莫輕」。

現將《達摩・洗髓經》的經文用黑體字標明在相應的導引法圖上，並將動作細化，保留原圖要訣和高濂的操作要訣，使之更加完備，並具可操作性。

《八段錦導引法圖》又名《八段錦導引訣》、《八段錦坐功圖訣》等，其〈總訣〉與《鍾離八段錦》（見附錄一）內容相同，宋代曾慥填了一闋《臨江仙》（見附錄二），明代另一位養生學家周履靖[2]將其收入《赤鳳髓》，其中很多內容散見於明清以後的《內功圖說》等導引養生

書中，清代席裕康認為，坐姿八段錦當首推《八段錦坐功圖訣》，此乃古聖相傳，其餘乃旁門。他的坐功八段錦歌訣最簡，只有三十二字（見附錄三）。

「本衙藏板」《達摩 · 洗髓經》之《八段錦導引法圖》歌訣和操作法，應出自明代高濂著《遵生八箋》之〈延年卻病箋〉，這一次整理補齊了《達摩 · 洗髓經》原著《八段錦導引法圖》的古圖譜、歌訣和括弧內的操作方法，使之完整。

這樣做便於學人依據古人傳承的經驗修習《洗髓經》，現將演煉附錄於後，便於學練。高濂説：「《八段錦》法乃古聖相傳，故為圖有八。」又説：「子後午前做，造化和乾坤，循環次第③轉，八卦④是良因。」高濂認為八段是和八卦相應，八是法數，含義甚廣，錦是珍貴，有殊勝之意。

【注】

①**高濂**：即高子，字深甫，號湖上桃花漁，瑞南，瑞南道人，明代養生家，撰《遵生八箋》包含《清修妙論箋》、《四時調攝箋》、《卻病延年箋》、《起居安采箋》、《飲饌服食箋》、《靈丹妙藥箋》、《燕閑清賞箋》、《塵外遐舉箋》等八箋。收入古人養生法最全和最實用的養生專集。

②**周履靖**：字逸之，號梅顛道人，明代養生學家，撰《赤鳳髓》三卷，將《八段錦導引法圖》收入。

③**次第**：佛教名相，次第即前後順序，依次第排列。

④**八卦**：即《周易》中的八種基本圖形，《周易參同契》曰：「乾坤者，易之門戶。」

二、《八段錦導引法圖》（坐姿）

第一段：閉目冥心坐 握固靜思神
　　　　叩齒三十六 兩手抱崑崙

洗髓以清其內

第二段：左右鳴天鼓 二十四度聞

易筋以堅其外

第三段：微擺撼天柱

洗髓以清其內

第四段：赤龍攪水井　漱津三十六
　　　　神水滿口勻　一口分三咽
　　　　龍行虎自奔

易筋以堅其外

第五段：閉氣搓手熱　背後摩精門
　　　　盡此一口氣　想火燒臍輪

洗髓以清其內

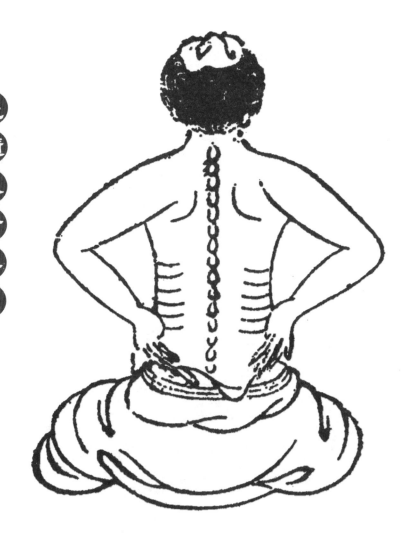

第六段：左右轆轤轉

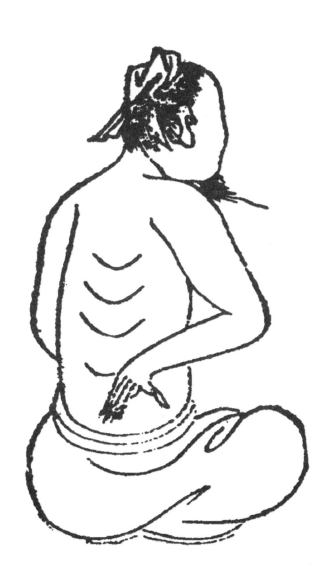

 易

 筋

 以

 堅

 其

 外

第七段：兩腳放舒伸　叉手雙虛托

洗髓以清其內

第八段：低頭攀足頻 ，以候逆水上。

易
筋
以
堅
其
外

三、第九陳希夷①
左睡功圖

洗髓以清其內

要訣：調和真氣五朝元，心息相依念不偏。
　　　二物長居於戌巳，虎龍②蟠結大丹圓。

經曰：臥如其形曲，左右隨其宜。
　　　兩膝常參差，兩足如鉤巨。

【注】

①陳希夷：即陳摶，字圖南，號扶搖子，又稱布袋和尚，宋初隱
　居武當山，後移居華山。顯德三年，帝命為諫議大夫，固辭不
　受，後受賜「希夷先生」。

②龍虎：內丹術術語，《重陽真人授丹陽二十四訣》曰：「何者是
　龍虎？祖師答曰：神者是龍，氣者是虎，是性命也。」又，液
　為龍，氣為虎。

四、第十右睡功圖

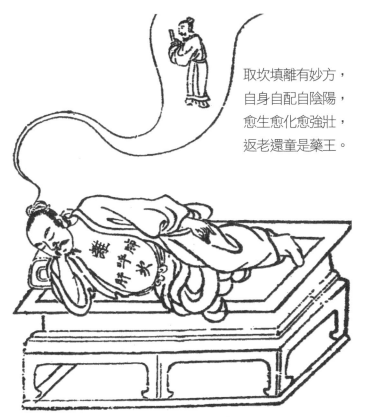

取坎填離有妙方，
自身自配自陰陽，
愈生愈化愈強壯，
返老還童是藥王。

要訣：肺氣長居於坎位，肝氣卻向到離宮。
　　　脾氣呼來中位合，五氣朝元入太空。

經曰：倦則側身睡，睡中自不迷。
　　　醒來方伸足，仰面亦不拘。
　　　夢覺詳無異，九載見端的。（佛家稱吉祥臥）

附錄一

《鍾離①八段錦》

閉目冥心坐，握固靜思神。
叩齒三十六，兩手抱崑崙。
左右鳴天鼓，二十四度聞。
微擺撼天柱，赤龍攪水井。
漱津三十六，神水滿口勻。
一口分三咽，龍行虎自奔。
閉氣搓手熱，背後摩精門。
盡此一口氣，想火燒臍輪。
左右轆轤轉，兩腳放舒伸。
叉手雙虛托，低頭攀足頻。
以候逆水上，再嗽再吞津。
如此三度畢，神水九次吞。
咽下汨汨響，百脈自調勻。
河車搬運訖，發火並身燒。
邪魔不敢近，夢寐不能昏。
寒暑不能入，災病不能選。
子後午前做，造化合乾坤。
循環次第轉，八卦是良因。

洗髓以清其內

【注】

①**鍾離**：唐代咸陽人，名權，字雲房，號真陽子。師事王玄
甫，得真傳。民間列為八仙之一，世稱漢鍾離。

附錄二

《曾慥八段錦》[1]

子後寅前東向坐，
冥心琢齒鳴鼉，
托天回顧眼光摩，
張弓仍踏弩，
升降轆轤多，
三度朝元九度轉，
背摩雙擺扳拿，
龍虎交際咽元和，
浴身挑甲罷，
便可躡煙蘿。

【注】

① 《曾慥八段錦》：宋代養生家曾慥作《臨江仙》一闋，易記易
行，出自《修真十書》（卷二十三）。

附錄三

《八段錦坐功圖訣》[1]

第一曰：叩齒集神；
第二曰：微搖天柱；
第三曰：赤龍攪海；
第四曰：摩運腎堂；
第五曰：單關轆轤；
第六曰：雙關轆轤；
第七曰：叉手按頂；
第八曰：手足鉤攀。

【注】

① 《八段錦坐功圖訣》：清代席裕康撰《內外功圖說輯要》此為
最簡化的八段錦坐功總訣。

易筋以堅其外

五、任脈和督脈

(1) 任脈圖解

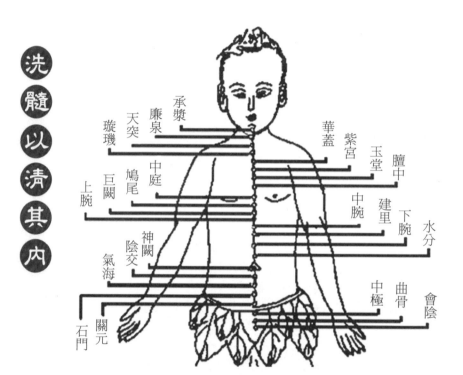

任脈者，起於中極之下，以上毛際循腹裏，上關元，至咽喉，屬陰，脈之海也，中行凡二十四穴。

· 頤前

承漿穴：一名天池，在頤前唇下陷中，是陽明之會。

· 頜下

廉泉穴：在頜下結喉上，舌本陰維，任脈之會，仰而取
之。

· 膺腧

天突穴：一名玉戶，在頂結喉下四寸宛宛中。
璇璣穴：在天突下一寸陷中。
華蓋穴：在璇璣下一寸。
紫宮穴：在華蓋下一寸六分。
玉堂穴：一名玉英，在紫宮穴下一寸六分。
膻中穴：一名包絡，在玉堂下一寸六分，直兩乳之中間。
中庭穴：在膻中下一寸六分。

· 腹中行

鳩尾穴：在蔽骨之間，言其骨垂下如鳩狀，故名。腹前蔽
骨下五分，人無蔽骨者，從歧骨之下行一寸是
也。
巨闕穴：在鳩尾下二寸，心之幕也。
上腕穴：在巨闕下一寸五分，去蔽骨三寸，任脈、手太
陽、足陽明之會也。
中腕穴：在臍十四寸五，胃幕也，三陽任脈之會會，謂上
紀也。
建里穴：在中脘下一寸。

下腕穴：在建里下一寸，足太陽、任脈之會，為幽門。

水分穴：在下腕下一寸。

神闕穴：在臍中。

陰交穴：在臍下一寸。

氣海穴：一名下育，在陰交下五分。

石門穴：在臍下一寸三分，女子禁灸。

關元穴：在臍下二寸，小腸募，謂下紀也，三陰、任脈之中。

中極穴：在臍下四寸，一名元氣，足三陰之會。

曲骨穴：在橫骨上，中極下一寸，毛際中極動脈處，足厥陰之會。

會陰穴：在大便前、小便後，一名尾翳，兩陰間是也。

《靈樞經》曰：「缺盆之中，任脈也。」

洗髓以清其內

(2) 督脈圖解

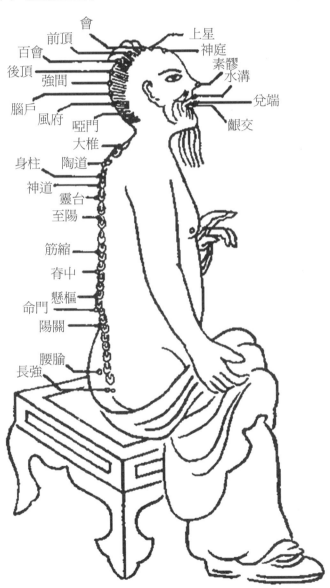

易筋以堅其外

督脈者，起於下極之腧，併於脊裏，上至風府，入腦上巔，循額至鼻柱屬陽脈之海也，中行凡二十七穴。

・鼻柱下

素　穴：在鼻柱上端。

水溝穴：一名人中，在鼻柱下，人中督脈、手陽明之會，
　　　　上唇取之。

兌端穴：在唇上端。

齦交穴：在唇內、齒上，督、任二脈之會。

・額上行

神庭穴：直鼻上，入髮際五分，督脈、足太陽、陽明三脈
　　　　之會。

上星穴：在神庭後，入髮際一寸。

　會穴：在上星後一寸五分。

前頂穴：在　會後一寸五分。

百會穴：一名三陽五會，在前頂後一寸五分，項中央旋，
　　　　手中陷容豆，督脈、太陽之交會。

・頂後至項

後頂穴：一名交衝，百會後一寸五分。

強間穴：一名大羽，在後頂後一寸五分穴。

腦戶穴：一名迎風，一名合顱，在枕骨上，強間後一寸五
　　　　分，督脈、足太陽五之會。

風府穴：一名舌本，入頂髮際一寸，腦戶後一寸五分，項
　　　　大筋內宛宛中。

啞門穴：在項部，後髮際正中直上 0.5 寸，第一頸椎下。

· 皆脊下

大椎穴：在第一椎陷中，三陽、督、任所發。

陶道穴：在項大椎節下間，督脈、足太陽之會，附而取
　　　　之。

神柱穴：在第三椎下間，附而取之。

神道穴：在第五椎節下間，附而取之。

靈台穴：在第六椎節下間，附而取之。

至陽穴：在第七椎節下間，附而取之。

筋縮穴：在第十椎節下間，附而取之。

脊中穴：在第十一椎節下間，附而取之，禁不可灸，令人
　　　　傴僂。

懸樞穴：在第十三椎節下間，附而取之。

命門穴：在第十四椎節下間，附而取之。

陽關穴：在第十六椎節下間，附而取之。

腰腧穴：在第二十一椎節下間。

長強穴：在脊骶端。

《靈樞經》曰：「頸中央之脈，督脈也。」

說明：「本衙藏板」《達摩·洗髓經》附錄〈任督二脈〉和〈十
　　　二經筋〉只有文字，現配齊圖譜，任督二脈原有文字有
　　　一部分沒有編號，現統一編號，原文所錄穴位均有
　　　「一」字，如「陽關一穴」，現將「一」字統一去掉。另
　　　外，還引用了一些相關文獻，現統一於《靈樞經》。

易筋以堅其外

六、十二經筋圖

　　「本衙藏板」《達摩・洗髓經》中附錄了〈十二經筋〉的文字，現補齊十二經筋圖譜。出自《靈樞經》（卷四），十二經筋隸屬於十二經脈，並以經脈為名，經筋的病候，充實了經絡學中有關運動功能方面的生理、病理的理論。十二經筋依靠臟腑經絡氣血的濡養而得以維持。

　　當看到十二經筋圖譜，會對中醫生理學有新的認識，十二經筋是經絡系統在肢體外周的聯屬部分，有具體的生理起止點，行於體表，不入臟腑，其走向均起於四肢末端，結於關節、軀幹、胸腹、頭部等附近，陽經在外、在後，陰經在內、在前。

　　易筋經十二勢，又名韋馱勁十二勢，煉功過程中的伸展、俯仰、扭轉、平衡等，筋腱、骨骼的導引會產生內勁，同時易筋經十二勢，會刺激人體十二經筋。因此，煉功者要明瞭十二經筋起止，導氣令和，引體令柔。氣和體柔，長生可求。

1. 手太陰經筋圖

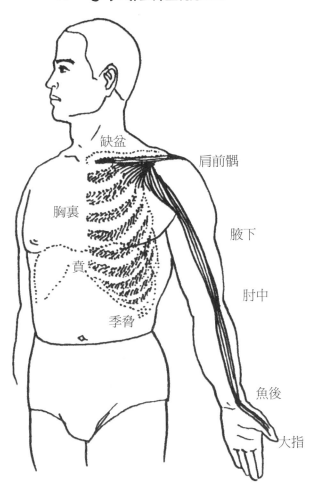

缺盆
肩前髃
胸裏
腋下
肘中
賁
季脅
魚後
大指

易筋以堅其外

手太陰之筋，起於大指之上，循指上行，結於魚後，行寸口外側，上循臂，結肘中，上臑內廉，入腋下，出缺盆，結肩前髃，上結缺盆，下結胸裏，散貫賁，合賁下，抵季脅。

2. 手陽明經筋圖

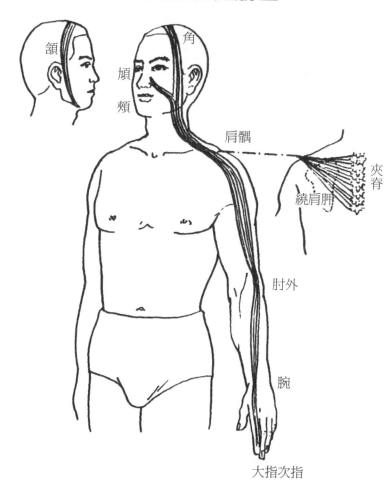

洗髓以清其內

頜
頏
頰
角
肩髃
夾脊
繞肩胛
肘外
腕
大指次指

手陽明之筋，起於大指、次指之端，結於腕，上循臂，上結於肘外，上臑，結於髃；其支者，繞肩胛，夾脊；直者，從肩髃上頸；其支者，上頰，結於頏；直者，上出手太陽之前，上左角，絡頭，下右頜。

3. 足陽明經筋圖

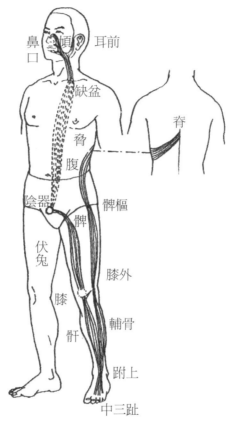

鼻口
頏
耳前
缺盆
脊
脅
腹
陰器
髀樞
髀
伏兔
膝外
膝
輔骨
骭
跗上
中三趾

易筋以堅其外

足陽明之筋，起於中三趾，結於跗上，邪外上加於輔骨，上結于膝外廉，直上結於髀樞，上循脅，屬脊；其直者，上循骭，結於膝；其支者，結於外輔骨，合少陽；其直者，上循伏兔，上結於髀，聚於陰器，上腹而布，至缺盆而結，上頸，上挾口，合於頏，下結於鼻，上合於太陽，太陽為目上綱，陽明為目下綱；其支者，從頰結於耳前。

4. 足太陰經筋圖

洗髓以清其內

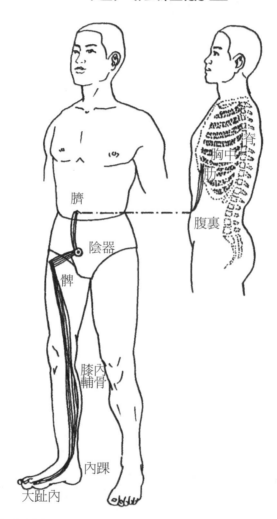

足太陰之筋，起於大趾之端內側，上結於內踝；其直者
絡終於膝內輔骨，上循陰股，結於髀，聚於陰器，上腹，
結於臍。

5. 手太陰經筋圖

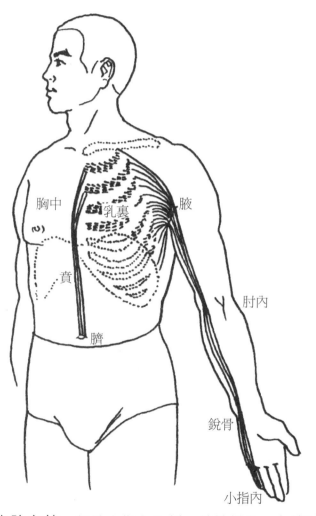

易
筋
以
堅
其
外

手少陰之筋，起於小指之內側，結於銳骨，上結肘內
廉，上入腋，交太陰，挾乳裏，結於胸中，循臂，下繫於
臍。

6. 手太陽經筋圖

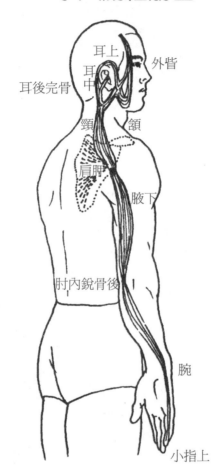

耳上
外眥
耳中
耳後完骨
頸　頷
肩胛
腋下
肘內銳骨後
腕
小指上

手太陽之筋，起於小指之上，結於腕，上循臂內廉，結於肘內銳骨之後，彈之應小指之上，入結於腋下；其支者，後走腋後廉，上繞肩胛，循頸出走太陽之前，結於耳後完骨；其支者，入耳中；直者，出耳上，下結於頷，上屬目外眥。

7. 足太陽經筋圖

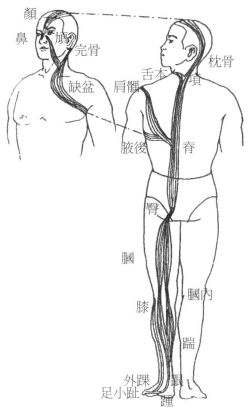

顏
鼻　顋
完骨
缺盆
肩髃
舌本　項
枕骨
腋後　脊
臀
腘
膕內
膝　踹
外踝　跟
足小趾　踵

足太陽之筋，起於足小趾上，結於踝，邪上結於膝，其下循足外踝，結於踵，上循跟，結於膕；其別者，結於踹外，上膕中內廉，與膕中並上結於臀，上夾脊上項；其支者，別入結於舌本；其直者，結於枕骨，上頭下顏，結於鼻；其支者，為目上綱，下結於頄；其支者，從腋後外廉，結於肩髃者；其支者，入腋下，上出缺盆，上接於完骨；其支者，出缺盆，邪上出於頄。

8. 足少陰經筋圖

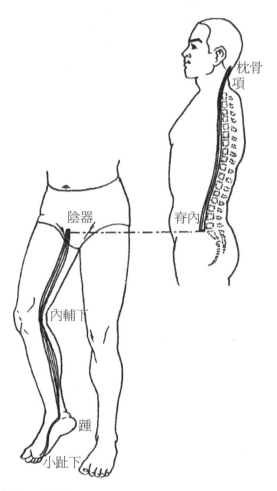

洗髓以清其內

足少陰之筋，起於小趾之下，併足太陰之筋邪走內踝之下，結於踵，與太陽之筋合而上結於內輔之下，併太陰之筋而上循陰股，結於陰器，循脊內挾膂，上至項，結於枕骨，與足太陽之筋合。

9. 手厥陰經筋圖

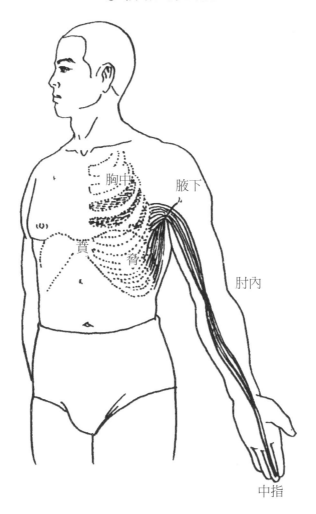

手厥陰之筋，起於中指，與太陰之筋並行，結於肘內廉，上臂陰，結腋下，下散前後挾脅；其支者，入腋，散胸中，結於臂。

55

10. 手少陽經筋圖

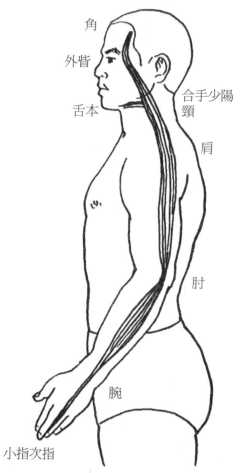

角

外眥

舌本

合手少陽

頸

肩

肘

腕

小指次指

洗髓以清其內

手少陽之筋，起於小指次指之端，結於腕，中循臂結於肘，上繞臑外廉，上肩走頸，合手太陽；其支者，當曲頰入繫舌本；其支者，上曲牙，循耳前，屬目外眥，上乘頷，結於角。

11. 足少陽經筋圖

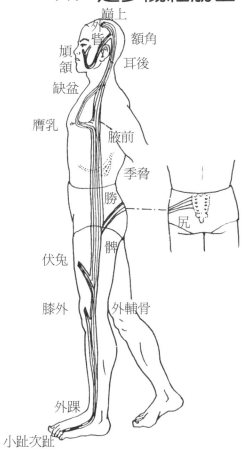

足**少陽之筋**，起於小趾次趾，上結外踝，上循脛外廉，
結于膝外廉；其支者，別起外輔骨，走上髀，前者結於伏
兔之上，後者結於尻；其直者，上乘胁季脅，上走腋前
廉，繫於膺乳，結於缺盆；直者，上出腋，貫缺盆，出太
陽之前，循耳後，上額角，交巔上，下走頷，上結於頄；
支者，結於目眥為外維。

12. 足厥陰經筋圖

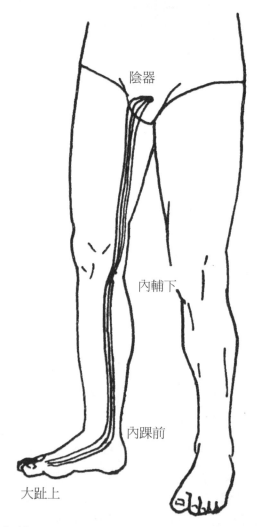

洗髓以清其內

足厥陰之筋，起於大趾之上，上結於內踝之前，上循脛，上結內輔之下，上循陰股，結於陰器，絡諸筋。

達摩洗髓經

● 傳承與心得

動作圖譜

功法理論

嚴蔚冰 編著

嚴蔚冰 演練

洗
髓
以
清
其
內

達摩面壁圖

序　一

　　中國古代傳承至今的保健、強體、養生的「靜功」和「動功」，大致上都採用「調身、調息、調心」的方法，進行「煉精、煉氣、煉神」的修煉，達到「祛病、強身、益壽」的目的。

　　在各門功法中，《達摩・易筋經》與《達摩・洗髓經》自成體系，獨樹一幟，雖然很多人將《達摩易筋經》歸類為外功，即所謂以「外煉筋、骨、皮」為主的「外在」功夫。《達摩・洗髓經》歸為內功，即所謂以「內煉一口氣」為主的「內在」功夫。這種說法並不盡然。

　　實際上，真正高境界的修煉應當是內外相合的，以《易筋》、《洗髓》二經而論，實際上是在「外煉筋、骨、皮」的同時，也以「凝神、澄心、運氣、調息」等功夫，起到了「內煉精、氣、神」的作用。實可謂動中有靜，剛柔相濟。有道是「易筋乃進階洗髓之基」即是此意。

　　經曰：易筋可脫換，洗髓可清虛。脫換則無礙，清虛則無障。修習《易筋》、《洗髓》二經要達到上述境界，僅以習煉者個人的理解和努力是不夠的，關鍵是要有一位好老師（傳承）、一本好教材（法本）和一套好方法（教學）。

　　我很高興有機會認識對研究、修煉和傳授《達摩・易筋經》、《達摩・洗髓經》有著高深造詣和豐富教學經驗的嚴蔚冰先生。我曾仔細閱讀過他有關《達摩・易筋經》等著作，也有幸親眼觀摩他現場演煉精彩的「易筋十二勢」。我感到他編著的《達摩・易筋經》、《達摩・洗髓經》確實是當代一套

系統地、詳細地、深入地傳授功法和理論的好教材，嚴蔚冰先生本人數十年來一直在國內外致力於《達摩·易筋經》、《達摩·洗髓經》等中國傳統養生文化的傳播和推廣，確是一位有著良好修養和深厚教學經驗的好老師。

此外，作為一位在研究中國傳統養生文化特別是《達摩·易筋經》、《達摩·洗髓經》方面的知名學者，嚴蔚冰先生在書中還深刻闡述了他對《達摩·洗髓經》理論和功法研究的心得體會，這對今後學術界開拓對《達摩·洗髓經》更深入的學術研究，提供了許多啟發性的指引。

在嚴蔚冰先生新版《達摩·洗髓經》即將發行之際，我很樂意將此佳作介紹給廣大讀者，相信此書的出版發行對將對《達摩·洗髓經》的普及和研究起到積極的推動和指引。也能為推動群眾性健身運動和增進人民健康作出新的貢獻。

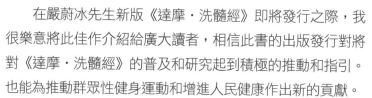

卓大宏　　2009年6月26日

卓大宏教授簡介

● 廣州中山大學附屬第一醫院特聘專家　康復醫學教授

● 中國康復醫學會專家委員會主任

● 中國殘疾人康復協會副理事長

● 《中國康復醫學雜誌》主編

● 1977年與馬鳳閣先生合編《八段錦》

● 建立了國內高校（中山大學）第一個康復醫學教研室和康復醫學科，主編出版了我國第一部康復醫學專著《中國康復醫學》。

序 二

　　最近收到嚴蔚冰先生寄來繁體字版《達摩·易筋經》，拿在手上感覺不錯，用了幾個晚上的時間閱讀，感到有三點比較突出，一是忠於原著，理與法在經在道上；二是返璞歸真，技法精簡明瞭；三是注重傳承，法脈清晰可辨。總的來說感覺不錯，要說欠缺，就是〈傳承與心得〉部分還可以寫細一些。現在《達摩·洗髓經》也將由臺灣大展出版社出版發行，這是一件好事，在此值得讚歎臺灣大展出版社，出版的中國傳統養生類書非常專業，以致拿在手上就不忍釋卷。

　　中國傳統養生有悠久的歷史，傳承著人類文明，歷時數千年，億萬人不斷實踐、積累和體悟，是對人類生命的深刻認識和眾多祛病延年經驗的總結。《達摩·洗髓經》作為古代養生經典堪稱此中翹楚，由菩提達摩禪師創立的禪宗充滿著智慧，禪文化大大地提升了國人的素質，也讓現代西方人仰慕。

　　嚴蔚冰先生作為《達摩·易筋經》傳承人正在申報非物質文化遺產名錄，他為此做了大量的工作，在此期間他曾高興地告訴我，他對《洗髓經》又有新發現，這次出版他將此新發現附錄於後，讓讀者先睹為快。

　　嚴蔚冰先生編撰的國術古本「本衙藏板」《達摩·洗髓經》，我仔細看過。他尊重原著，在封面上只注明作者菩提達摩和譯者慧可的名字，既尊重了歷史又保留了時代特徵。而且他借鑒了現代出版物的經驗，在原著的基礎上增加了一張

『動作分解演練掛圖』和『動作演示視頻光碟』等，他公開了傳承與心得，以方便修煉者學習，使學煉者知其然，還知其所以然。嚴蔚冰先生注重實修，將《達摩·洗髓經》的細微之處發揮的淋漓盡致，確是一套值得推薦的上乘養生法。

另外，書中還附錄了一部明代洪武年《洗髓經》手抄本影印本，實用價值和文獻價值都很高，非常珍貴，由此可以知曉嚴蔚冰先生對《洗髓經》理法的研究已有一定的深度。

是為序。

林中鵬　於北京 2008-11-19

林中鵬教授簡介

- 中醫文化學者
- 原中華氣功進修學院校長
- 現任中醫人體學研究專業委員會主任
- 世界醫學氣功學會專家委員會副主委
- 北京國際公益互助協會副會長

序 三

　　導引養生和氣功療法是中國傳統文化的瑰寶，也是中醫藥學的重要組成部分。《中國醫學百科全書》中專立有《氣功學》卷。

　　我們知道習煉、研究氣功是講究實證的。這就需要一批孜孜不倦地求索者，嚴蔚冰先生就是其中一位。我早在八十年代初期就在專業雜誌上看到一些他寫的文章，內容平實，一直以來默默無聞地做「疏」導的工作，確實是一位用心的實踐者。

　　直到前幾年在一次國際醫學氣功會議上才得以謀面，嚴蔚冰先生送我一本「衙門藏版」的《達摩·洗髓經》，我仔細翻閱後發現這是一部兼具古本原貌，精煉實用的好書。一來其具有傳承，二來忠於原著，三來書中配有掛圖和教學光碟，將《洗髓經》各勢分解演示，方便了讀者習煉和掌握動作要點。

　　我觀摩了嚴蔚冰先生教學，其動作古樸規範，保持了功法原貌，他的教學法很科學，他是一位低調、務實的傳承實踐者。他在走一條古為今用的探索之路。想必正因為如此，加拿大華商王漢鼎先生（世界醫學氣功學會副主席）會願意出鉅資請嚴蔚冰先生和眾多科學家一同研究「上工工程」。《黃帝內經》云：上工者，不治已病治未病。

　　整理出版本衙藏板《洗髓經》這是一件有助於弘揚中國傳統文化的義舉。嚴蔚冰先生邀我為新版作序。吾心甚

喜，是為序。

張天戈 書於中國北戴河　2008-11-26

張天戈教授簡介

- 美國世界醫學氣功學會　副會長
- 美國世界替代醫學雜誌　主編
- 河北省北戴河氣功康復醫院氣功研究室主任
- 《中國氣功》雜誌編委會編委　副主編
- 中國氣功科學研究會及中華中醫學會氣功研究會名譽
  理事
- 國家中醫藥管理局主辦第一至十六期全國氣功師資班
  主任
- 《醫學百科全書·氣功卷》　編委

易筋以堅其外

蔚冰居士存念：

直修實證

首愚題

2009. 6. 23.

首愚法師題字

緣 起 -----修習《達摩‧洗髓經》之因緣

　　愚出生在一個虔誠的佛教徒家庭，父母忠厚善良，助人為樂，愚自幼身體羸弱，但生性好動，自小對國術[①]有濃厚的興趣，打拳煉功，不知不覺身體慢慢強壯起來，記得當體重達到五十公斤時竟能舉起五十公斤的槓鈴，我意識到體質的增強主要得益於國術，當時的拳師們有一句口頭禪，「煉拳不煉功到老一場空。」但凡煉拳者，無論年齡大小、身體強弱都自覺煉功，也有些體弱多病者只煉功不打拳，只幾個月功夫他們的氣色就和以前判若兩人。拳師們説：「煉拳是『防身』，煉功能『治身』。」

　　上海是藏龍臥虎之地，愚拜在唐金元[②]老師門下，唐老師除了有傳承，文化修養也很高，據吾師唐金元老師説，我們的傳承來自「岳門」，是宋朝周僮傳下來的。他的老師黃胤[③]師從劉德生[④]，劉德生老師是上海開埠以來早期拳師之一。王胤孤身一人在上海以授徒為業，主要傳承人還有朱鑫祥[⑤]，朱鑫祥為人開明，家境殷實，師從上海多位明師，如佟忠義[⑥]、謝映齋[⑦]等老師。朱鑫祥老師和盧俊海[⑧]老師我比較親近的，平時看老師煉功是一種享受，跟隨老師學習更是一種享受。

　　煉功是講究實證的，當時覓到一本手抄本《練功秘訣》，後來才知道是民國時的武術家金一明[⑨]先生寫的，如獲至寶，愚一直和衙門藏版《達摩‧易筋經》對照參學，受益匪淺。金一明説：「不若易筋練法，入手有據，其效易臻。原本《達摩‧洗髓經》，本係屬梵語，世有翻譯為華文歌訣者，

曾有刻本行世，滌塵禪師處，藏有一本，余曾見之，亦少林
之衣缽也。」

　　一九九五年至一九九七年，我斷諸因緣，在上海閉關閱
讀《頻伽大藏經》，在關房內每天兩遍《達摩·易筋經》和
《達摩·洗髓經》，神情專注，恭錄了近四十萬字醫方明[10]
的內容。出關後呈茗山長老[11]審閱，茗老審閱後説：「這本
書內容很好，可給小和尚（指佛學院的學僧）講講。」並題
寫了一幅字（見下圖），真慈大和尚[12]看後題寫了書名，並
手書《心經》血經一幅（見下圖），贈予筆者供養。以此因
緣又受教於國學大師南懷瑾[13]先生（見下圖），並印證《達
摩·易筋經》之法要，初見南懷瑾老師之成就，正如偈曰：
「內外一體現金容。」

　　國術之道，精於心，簡於行，方便實用。我曾應用《達
摩·易筋經》之精髓，用於多種慢性病患者，較為嚴重的帕
金森氏症、肝病等。亦取得令世人矚目的效果，一九九八年
至二〇〇三年所寫《劄記》被譯成日文、英文、在國際會議
上交流，世界衛生組織官員看到後來函稱：「這是一種新思
維。」

　　中華之國術提出了身、心、靈，整體運動的概念，若
能適時地調整形體可消除生理障礙，調整意念可消除心理
障礙，調整呼吸能提高代謝功能和免疫功能。生命不止，
運動不息，此乃國術之精髓，是任何靈丹妙藥和仿生儀器
替代不了的。現代醫學證明，人的自身潛力是很大的，自
己身體自己「修」，自己的心理自己「調」，我們的身體素
質一定會提高。

洗髓以清其內

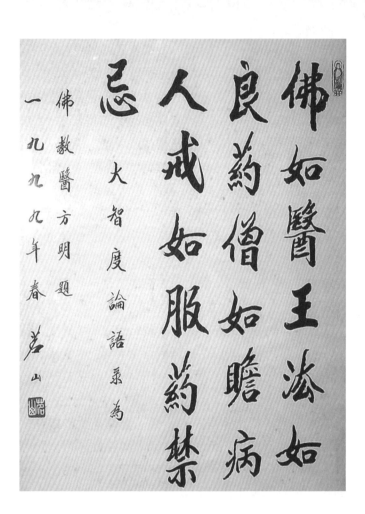

佛如醫王治如
良藥僧如瞻病
人戒如服藥禁
忌　大智度論語錄為

佛教醫方明題

一九九九年春茗山

中國佛教協會原副會長　茗山長老題

般若波羅密多心經

觀自在菩薩行深般若波羅密多時照見五蘊皆空度一切苦厄舍利子色不異空空不異色色即是空空即是色受想行識亦復如是舍利子是諸法空相不生不滅不垢不淨不增不減是故空中無色無受想行識無眼耳鼻舌身意無色聲香味觸法無眼界乃至無意識界無無明亦無無明盡乃至無老死亦無老死盡無苦集滅道無智亦無得以無所得故菩提薩埵依般若波羅密多故心無罣礙無罣礙故無有恐怖遠離顛倒夢想究竟涅槃三世諸佛依般若波羅密多故得阿耨多羅三藐三菩提故知般若波羅密多是大神咒是大明咒是無上咒是無等等咒能除一切苦真實不虛故說般若波羅密多咒即說咒曰揭諦揭諦波羅揭諦波羅僧揭諦菩提薩婆訶

摩訶般若波羅密多

一五○四六年八月三十四日

慚愧沙門釋真慈血書

南京棲霞寺、靈谷寺方丈
真慈大和尚 血書心經

於南懷瑾先生印證《達摩‧易筋經》之法要。

（2000 年 6 月攝於香港南老寓所）

【注】

①**國術**：民國時期將各種傳統民族體育統稱為「國術」，主要
涉及各門各派的拳腳功夫、套路、角力、摔跤、散手、騎
術、柔術，增氣力的石鎖、石擔，各種冷兵器、火器，還
有練習靈巧和平衡的跳繩、踢毽子等遊戲。

②**唐金元**：（西元1920-2005）江蘇江陰人，畢業於上海聖約
翰大學，一九四八年師從南派猴王王胤，精通南派少林拳
和西洋拳（拳擊）、《羅漢拳》、《易筋經》、《岩鷹拳》等。

③**黃胤**：（西元1896-1974）上海人，師承劉德生，善南拳和
象形拳，終身以授拳為業，傳承人有唐金元、朱鑫祥等。

④**劉德生**：（西元1875-1969）江蘇常州人，祖輩開鏢局為業，劉德生老師於1914年到上海公共體育場（即滬南體育場的前身）傳授國術，主要傳承人有王胤、張富貴、金洪聲等。曾應邀到精武會教拳。

⑤**朱鑫祥**：上海浦東人，1942年生於上海，師承王胤、謝映齋、佟忠義等。擅少林、形意和《易筋經》等。

⑥**佟忠義**：（西元1879-1963）河北滄州人，滿族，出生武術世家，曾任清朝皇宮禁衛軍教官，1922年來上海精武會、東亞體專任教，創立忠義拳社，開設摔跤、拳術、《易筋經》、舉重、弓矢、器械等。

⑦**謝映齋**：（西元1894-1984）浙江諸暨人，為上海《易筋經》最有成就者，有小開本《易筋經》傳世。擅大槍、螳螂拳、擒拿等，曾創立螳螂拳社。師承金光大師、佟忠義老師等。

⑧**盧俊海**：上海人，祖籍河北滄州，中國武術名家盧振鐸之子，曾任上海市武術隊教練，秘宗門傳承人，善《秘宗拳》、《青萍劍》等。現在英國任教。

⑨**金一明**：民國時江蘇省國術館第一任館長，著名拳師，師承滌塵禪師等。精《易筋經》、《洗髓經》，提出強國之道，首在強身。

⑩**醫方明**：即佛教醫藥學，明即學，佛教有五明：一因明、二內明、三聲明、四工巧明、五醫方明。

⑪**茗山長老**：（西元1914年-2001年6月1日）原中國佛教協會副會長，中國佛學院棲霞分院院長，善詩詞、書法。

⑫**真慈大和尚**：（西元1928年10月8日-2005年7月4日）江蘇儀征人，原中國佛教協會常務會理事，南京棲霞寺、靈谷寺方丈。

易筋以堅其外

⑬**南懷瑾**：西元1918年出生於浙江省溫州樂清南宅殿后村，
著名國學大師、中國傳統文化的積極傳播者。以其深厚的
學術功底、傳奇性的證悟經歷和通達的智慧，享譽海內外。

洗髓以清其內

一、傳承與心得

　　民間非物質文化的傳承是很脆弱的，一不小心傳承就會斷絕，記得吾師往生後，我問師弟（師父的兒子），師父留下的書籍和器械還在嗎。答曰：全部燒掉了。經由這件事我發心要做傳統體育競技非物質文化的保護人和傳承人，儘管難度很大，但皇天不負有心人，還是有很大收益。我沒有門戶之見，但法緣很好，凡是遇見的老師都願意教我。

　　在上海煉《達摩·易筋經》和《達摩·洗髓經》最有成就者當數謝映齋老師，有傳聞謝映齋老師當年以十二根金條將金光大師請到家中教功的，盡得易筋、洗髓之要旨。有關謝映齋老師的軼聞趣事，在上海武術界流傳很廣，但謝映齋老師確實很富有，而且為人四海[①]，他在上海福州路大西洋旁（清真飯店隔壁）開一牙醫診所，上海武術界盡人皆知，早年還成立了螳螂拳社，出版過一本《易筋經》（下圖），後又拜佟忠義為師，精螳螂拳、擒拿、大槍等，因此，海派武術是交叉傳承的。朱鑫祥老師是跟隨謝老時間較長的，八十年代初，我和朱鑫祥老師陪同謝老去沐浴，問起傳聞之事是否真實，謝老只是淡淡一笑，他在進大池沐浴前向上使個眼神（掛衣處），我不解其意，朱老師小聲告訴我，他衣服口袋內隨身帶有一塊金塊，外出消費都由謝老師買單。

　　古代文明得以傳承者，即是當代人類所需要的。《達摩·洗髓經》傳到今天，説明儘管現代科技突飛猛進，目

前流行的健身時尚，大多還是萬變不離其宗，千百年來，科學技術突飛猛進，但人的生理不會變，人心向善亦不會變，人類還得借助古代養生智慧來保持身心靈的健康，《易筋經》不是一個套路，他是一部完整的經典，有完整的理論支持，體現了達摩傳法的風格，有易筋十二勢，十二月行功，十二筋經，先理入，後行入，再驗證。

菩提達摩禪師是有修正、有傳承的一代宗師，釋迦牟尼在靈山「拈花微笑」後說：吾有正法眼藏，涅槃妙心，實相無相，微妙法門，不立文字[2]，教外別傳[3]，付囑摩訶迦葉。由摩訶迦葉傳至菩提達摩已有二十八代。菩提達摩一葦渡江，來到東土，少言多行，在少林面壁九年。留下了《易筋經》以解決世間法；傳《洗髓經》給慧可為方便法門[4]，又傳《二入四行論》、安心法門[5]為出世間法。

《達摩·洗髓經》作為內典所傳法卷，故顯得神秘莫測。《達摩·易筋經》和《達摩·洗髓經》是姐妹篇，古代「本衙藏板」將兩卷合印一冊，同時也收錄了一些相關的導引吐納法，如宋朝的《八段錦》（站式武八段）和明代養生學家高濂的《八段錦導引法圖》（坐姿）等。

《達摩·洗髓經》不同於《達摩·易筋經》屬於教內傳法，故民間流傳的版本不多，後世冠以《洗髓經》或《洗髓功》的功法不少，但實質內容與《達摩·洗髓經》沒有什麼關聯，目前發現最早的抄本[6]《洗髓經》（附錄於後）的內容比較接近「本衙藏板」《達摩·洗髓經》可互為印證。

《練功秘訣》曰：「易筋僅能換勁，洗髓始能通神，故易筋功淺，而洗髓義深。練功者，欲練洗髓，必須先發大願心，看破七情六慾，忘卻生死關頭，窮其究竟，始克收

成功之效。」師輩們在傳授《達摩・洗髓經》時，是很莊
重的，要《達摩・易筋經》煉到一點「火氣」也沒有，再
教武八段和坐姿八段錦，循序漸進過度到行、站、坐、臥，
由於斯法「精於心，簡於形。」生怕學者輕視，故不會輕
傳，這可能使《達摩・洗髓經》變得神秘的緣故。傳承之
法緣並非攀附而得，自三皈[7]五戒[8]後，有緣親近高僧大
德，尤其是臨濟宗的，總想弄清楚禪師所傳法卷內容是否
《洗髓經》，可能是內外有別，一直到我當了佛教協會秘書
長（湖北省黃石市）經常和大和尚在一起，也就沒有什麼
念頭了，但愚得師承後一直很慎重，不敢妄傳，恐人謗法。

多年來法緣殊勝，屢得明師[9]指點，愚也放得下了，
不敢獨享，經師輩應可，可作傳授，才選用「衙門藏版」
《達摩・洗髓經》為底本，編撰法本，供同仁參學，恭請
同道雅正。

上海著名武術家謝映齋先生藏版

每日習練
體格健全
從不間斷
益壽延年

洗髓以清其內

自量體力　全則十二
少習其一　功效亦有
口閉舌抵　或須牙咬
鼻仍呼吸　氣必要透

【注】

①四海：舊時溫語，意謂好交朋友，為人慷慨。

②不立文字：禪宗用語，指以心傳心，禪宗認為悟性無法用文字語言來表達，必須由師心直接傳給弟子心，這種以心傳心的境地，稱為不立文字。

③教外別傳：禪宗用語。

④方便法門：佛教名相，指巧妙地接迎眾生的方法，方便又作善權、變謀。

⑤安心法門：禪宗用語，將心安於一處，並達到安定不動的境界。

⑥抄本：指舊時的手抄本，或由手抄本刊印的版本，統稱為抄本。

⑦三皈：即皈依佛、皈依法、皈依僧，謂三皈依。

⑧五戒：即一不殺戒、二不偷盜戒、三不邪淫戒、四不妄語戒、五不飲酒戒，謂五戒。

⑨明師：明清的抄本常出現明師一詞，明師不一定是名師，明師即明白事理，有修正的，且具有智慧的老師。

易筋以堅其外

二、反璞歸真

　　二〇〇八年元月我在菲律賓講學，當介紹《達摩・易筋經》、《達摩・洗髓經》是中國最古老、最完整的導引養生法時，有一位醫生提問，是否古老的就好？曰：傳統導引養生法是否好，那要看是否適合現代人，一千六百多年的傳承它始終在發揮作用，説明它仍然符合當代人的特點，《達摩・易筋經》、《達摩・洗髓經》闡述精專、動作簡潔、不受場地和時間的限制，且功效顯著、教材科學完整，靈活性強，便於習練。選用本衙藏板[①]《達摩・洗髓經》，經與各種抄本的印證，在保存「國術古本」原貌和精髓的基礎上作了如下整理：

1. 選用「國術古本・本衙藏板」《達摩・洗髓經》中原版之〈翻譯洗髓經義序〉、〈翻譯洗髓經總義〉、〈無始鍾氣篇第一〉、〈四大假合篇第二〉、〈凡聖同歸篇第三〉、〈物我一致篇第四〉、〈行住立坐臥睡篇第五〉、〈洗髓還原篇第六〉、〈翻譯經義後跋〉、〈傳臨濟正念篇第七〉等。

2. 《達摩・洗髓經》原著原文是偈頌體，若無傳承自學比較困難，經中之佛、道名相會使學人望而卻步，特將《達摩・洗髓經》之佛教名相和導引、吐納、養生術語作了匯釋。

3. 為方便閱讀，在整理編撰過程中，將古本繁體直版改為繁體橫版，並為全文斷句，依據現代標點符號應用規範加以標點。

4. 原著只有導引口訣而無圖譜，現補齊了《八段錦導引法

《圖》圖譜,以求保持古本的原貌,並將《達摩 · 洗髓經》之相關經文用黑體字標明,便於理解經義。

5. 為保持古本原貌,對古本內容原則上不刪節、不改編,保留古本之順序。保留了禪宗傳承〈傳臨濟正念篇第七〉和書中的心法。

6. 便於習練,增加了《八段錦導引法圖》導引動作分解演示、教學光碟和正身位、側身位、後身位動作圖譜。

7. 將「本衙藏板」和「通行抄本」[2]作了比較,相互印證。附錄了最新發現的明洪武年的《洗髓經》抄本。

8. 根據傳承和多年的教學經驗,特將《達摩 · 洗髓經》的內容分斷講解,定名『《達摩 · 洗髓經》踐行傳弘訣』,並製作 CD 便於修習。

9. 新整理的《達摩 · 洗髓經》忠於原著,文獻價值高。又兼顧其實用價值,吸取了抄本的長處。

10.十二筋經圖原著只有文字沒有圖譜,現補上中醫學十二筋經圖譜。

　　吾盡可能使《達摩 · 洗髓經》忠於原著,使動作返璞歸真,保持精簡之法,並非有意使空疏之學氾濫。實是希望習練者勿因難而退,能以適當的方法循序漸進,使得中國傳統養生學得以傳承,師謂:修習以正其身。

【注】

①**本衙藏板**:即衙門藏版,本衙藏版為古代官府組織人力選擇善本整理刊印的重要典籍,凡郡、府、州、縣官署雕版刻印的版本封內都注明「本衙藏板」字樣。

②**通行抄本**：通行抄本是由歷代各地書坊，又稱書肆、書林、書舖等，選用流行抄本雕版刻印的版本，有發行量大，流傳廣的特點。

三、菩提達摩與《易筋經》、《洗髓經》

　　菩提達摩（西元？－535 年），梵名 Bodhidharma，意譯作道法。又稱作菩提達摩多羅、達摩多羅、菩提多羅、簡稱達摩（磨）。為中國禪宗初祖，古印度禪宗二十八祖。達摩出生於南印度，婆羅門族。據《達摩寶傳》[①]説：「達摩南天竺香枝國王之三太子，不戀王位，出家修道，成就大覺金禪，為西天禪宗第二十八祖。成道後不戀聖境，發願到東土傳立空妙。」

　　《續高僧傳·達摩傳》説：「因悲憫邊隅之國，欲以正法相導，故而遠度漢土，從海路抵達南越。」那是南北朝劉宋時代，當時中國的佛教比較興盛，舉國上下求福田繞益，造塔建寺，達摩初傳梁武帝，武帝不識妙理。達摩過江至嵩山。《太平御覽》（卷六五八）曰：「菩提達摩者，南天竺人也，梁普通中泛海至於廣州，後過江上嵩山少林寺，達摩傳慧可。」

　　北魏太和十年，嵩山來了一位相貌奇古的南天竺僧人——菩提達摩，他在五乳峰半山腰岩洞中面壁而坐，一坐就是九年，人稱「壁觀婆羅門」，後人為了紀念他，將此

岩洞叫「達摩洞」，洞深七尺，闊四尺半，內有一影壁（原影壁已失，現為後人複製）。菩提達摩少言多行，不立文字，教外別傳，從自心中頓見佛性，時有慧根者前來問道求法，其弟子除慧可外，較著名的有道育、僧副（道副）、曇林（曇琳）等。《景德傳燈錄・僧副傳》載：「道副因性愛定靜，四方尋師，訪得達摩於岩穴之中，師言問深博，遂感而從其出家，修習禪法，尋端極緒，有大成就。」時有神光于伊洛披覽群書，以廣達聞，慕師之高風，斷臂求法，師感其精誠，遂傳安心發心之真法，授彼一宗之心印，改名慧可。經九載，欲歸西方，囑慧可一宗之秘奧，授袈裟與《楞伽經》四卷。未久即入寂，葬于熊耳山上林寺。越三年，魏使宋雲度蔥嶺時，適逢達摩攜隻履歸西，師一生頗富傳奇。從此菩提達摩在華夏被尊為禪宗初祖，惠可為二祖，開創中國禪宗，梁武帝尊為「聖冑大師」，唐代宗賜諡號「圓覺禪師」，塔名「空觀」。

　　以上的內容均出自《高僧傳》、《續高僧傳》、《太平御覽》等，需要說明的是菩提達摩還未到嵩山前，嵩山已有少林寺。菩提達摩師徒（二祖慧可到六祖慧能）並未駐錫少林寺。而菩提達摩以及後來的慧可禪師傳法也並非一帆風順，由於當時對於達摩禪法「多生譏謗」，達摩禪師「滅化洛濱」後，慧可禪師亦「埋形河涘」，「默觀時尚」四十年之久是有因緣的。

　　菩提達摩傳《易筋經》和《洗髓經》之因緣，首先《易筋經》和《洗髓經》不是用以傳教的佛經，《大藏經》沒有收入，禪宗語錄亦無收錄。《易筋經》和《洗髓經》是用以鍛鍊身心的方法，因此沒有宗教信仰的人也同樣可以習

煉，所謂禪法不離世間法[②]，若要傳禪法應從世間法入手，菩提達摩傳法時發現徒眾易犯昏沉[③]，係筋骨柔弱所致，為使徒眾修道無障，消除修行道上的障礙，傳授《易筋經》，有易筋十二勢，上應十二時辰，內應十二經脈，易筋以堅其體；有三論（總論、內壯論、膜論）支持，易筋十二勢為「行入」；三論為「理入」。「二種入」是菩提達摩的方法論，二入[④]中的理入，是從明白道理開始，堅定信念；二入中的行入，是實踐所傳技法，持之以恆來印證相應的理念。菩提達摩傳授給慧可的《洗髓經》是附於衣缽，目的是壯內以助道心，由於方法精於心而簡於行，一再告誡弟子們不要輕視，《洗髓經》養生內容主要由「行、住、立、坐、臥、睡」和「洗髓還原」等組成，但全部經典每句話都很重要，在此需要重申的是《易筋經》和《洗髓經》不僅僅是二套養生法，而是二部古代養生學的經典。由於其具有實用性、安全性、完整性和可操作性，使得《易筋經》和《洗髓經》傳承至今。在後世傳承的國術中被尊為「拳經」的，只有菩提達摩所傳《易筋經》和《洗髓經》兩部。其餘國術拳操均稱為「拳譜」或「捶譜」。

　　菩提達摩在中國受到很廣泛的尊重，受尊重的原因並不僅僅是因為他是漢傳佛教禪宗的祖師，前面提到的《達摩寶傳》就是在道教中流通的。道藏《雲笈七籤》[⑤]、《道樞·胎息篇》[⑥]等都記載有菩提達摩的導引吐納法。在漢地佛教工巧明匠人，無論是繪畫或雕塑，人們一眼就能認出菩提達摩的法相，因此，我們有理由相信菩提達摩留給世人的並不只是四卷《楞伽經》[⑦]，菩提達摩所傳法門不立文字，直指人心，當即就有弟子問：若不立文字，何以為心？

於是就有了《少室六門》⑧、《易筋經》和《洗髓經》等智慧和方便法門。

當然，關於菩提達摩的著作，後世也有爭議。既有偽作說，亦有託名說。達摩禪師在嵩山面壁九年，當他為慧可「安心⑨」後即開始立說，達摩禪師的禪法如坦坦大道，直截簡明，不追求神異，沒有消極厭世的弊害，具有平實穩健之風，不僅僅針對某一人群，更加貼近眾生，國人容易領得其要旨。由此看來，一千六百年菩提達摩始終為世人所推崇，這或許也是一個重要原因吧。

菩提達摩的著作被稱為《少室六門》，這六門記載了禪宗要旨，分為《二種入》、《安心法門》、《悟心論》、《血脈論》、《破相論》、《心經頌》等六門，這些著作應是達摩禪師的弟子根據祖師要旨整理編撰的，或由弟子編寫的，並冠上菩提達摩的名。

關於「託名說」，主要是針對《易筋經》和《洗髓經》，尤其是《易筋經》，一千六百多年以來《易筋經》的傳承主要是言傳身教，得到有《易筋經》抄本者也是鳳毛麟角，手抄本的傳抄，內容增增減減是常有的事，近幾十年來，國內外共出版了幾十種《易筋經》版本，包括大型工具書、教課書和類書等，前言幾乎異口同聲地稱《易筋經》係託名達摩所作。

究其因緣是清代經史家凌氏對《易筋經》中〔唐〕李靖序、〔宋〕牛皋序的年代考證有異議，出自〔清〕凌廷堪著《校禮堂文集》⑩之〈與程麗中書〉，筆者曾仔細閱讀《校禮堂文集》〈與程麗中書〉全文共七百多字。通覽全文，凌氏並無一語言及《易筋經》、《洗髓經》是託名達摩所著。

我們應當注意到凌氏為清代經史家並非養生家，因此，他沒有也不可能對《易筋經》、《洗髓經》中主旨內容提出見解。而僅僅是基於經史家的角度，對《易筋經》、《洗髓經》中三篇序言（李靖序、牛皋序、慧可序）年號、稱謂、地名、籍貫等作了考證，認為三篇序言係「蓋不通古今村夫子所臆撰也。」而此文也不過是凌氏與友人程氏切磋心得之書函。

令人遺憾的是，此後很多年來，〈與程麗中書〉一文被很多人反覆提及，相信雖然有不少引用〈與程麗中書〉一文的編者不一定抽時間看過《校禮堂文集·與程麗中書》，眾人皆以此為據，人云亦云，否認《易筋經》、《洗髓經》乃至否認菩提達摩。每思及此，不由令人扼腕。

是那一位作者要託名菩提達摩呢？有人認為是〔明〕天臺紫凝道人宗衡，他在《少林拳術精義》⑪又名《伏氣圖說》、《易筋經義》，中寫了一個〈跋〉，宗衡曰：「余讀《易筋經義》……」吾細讀全文不足四百五十個字，沒有一句穿鑿附會之詞，書也不是他寫的，託什麼名呢？再說宗衡是個道人，若要託名當託呂洞賓、張紫陽，在天臺山修道也可以託天臺智者大師，為何要託名達摩？答案只有一個，宗衡道人看到的《易筋經》是眾多抄本中的一種，是在武林中傳承的抄本之一。因為，這個抄本中有較多排打功的內容，故名《少林拳術精義》，書中有「伏（服）氣圖說」的內容，還有〈平和架〉八式、〈武功頭〉三式、〈伏膝式〉、〈海底撈月式〉五式、〈站消式〉四式和排打功等，《易筋經義》的內容是有的，如總論、內壯論、膜論、揉法、十二月行功等。另外，有〈靜功十段〉、〈動功十八勢〉

等，但沒有「易筋經十二勢」。

　　近年來又有《易筋經》係「本土導引法」一說，主要也是不願面對菩提達摩和傳承。對於傳統文化，傳承是很重要的，我們要尊重古人的智慧。我則認為《易筋經》、《洗髓經》是中國非物質文化遺產（已向上海浦東新區申報），應該從文獻和傳承二個方面進行保護，使之造福子孫後代。

【注】

①《達摩寶傳》：漢口開源印刷局（民國）。香港圓玄學院印。

②世間法：即民間日常生活中的一切俗務，稱為世間法。

③昏沉：佛教名相，指靜坐時，因正念不足或體弱多病而出現低頭、昏沉現象。

④二入：即一理入，二行入。二入四行是菩提達摩所傳。

⑤《雲笈七籤》：北宋・張君房編撰，道教稱書箱為「雲笈」，道書又分為三洞、四輔，故合稱「七籤」。

⑥《道樞・胎息篇》：宋・曾糙編撰，收錄〈寶冠胎息法〉，菩提達摩曾向寶冠學胎息法，並將此法傳門徒。

⑦《楞伽經》：全稱《楞伽阿跋多羅寶經》共四卷，為禪宗用以印心的經典，故禪宗又稱楞伽宗。

⑧《少室六門》：少室指少室山，六門指《心經頌》、《破相論》、《二種入》、《悟心論》、《安心法門》、《血脈論》，被收入《大正藏》第四十八冊。

⑨安心：《菩提達摩傳》曰：「凝住壁觀，無自無他，凡聖第一，是為安心。」

⑩《校禮堂文集》：凌廷堪著，清乾嘉時期著名經史學家和文學家。

易筋以堅其外

⑪《少林拳術精義》：上海大聲圖書局1917年刊印出版，為宣紙石印豎排版線裝書。

四、慧可禪師與《洗髓經》

　　釋慧可（西元 487～593 年），俗姓姬，河南滎陽人，少為儒生，博覽群書精通老莊、易學。後出家為僧，名神光，精研佛經，十四歲拜菩提達摩為師，從學六年，達摩口傳心授，傳衣缽，得付心法，為中國禪宗二祖。《楞伽師資記·慧可傳》記載：慧可向達摩禪師求法時只有十四歲。參學了六年，後埋形河㳄，默觀時尚四十年，等出山弘法已六十歲了。慧可禪師長壽住世一百零六年可能得益於《易筋經》和《洗髓經》。

　　《洗髓經》又名《洗髓真經》、《洗髓真詮》、《洗髓經》屬於禪宗內典，世俗很難見其全貌，得傳承者更是鳳毛麟角，現存最古老的抄本藏上海圖書館，為唐大歷元年由杜鴻漸①序，明洪武年監察御史邱玄清②序（原本影印本附後），後面是《易筋經》。

　　「本衙藏板」達摩《易筋經》和《洗髓經》是目前能看到的國術古本中（包括各種通行版本的《易筋經》），為數不多的善本。《翻譯洗髓經意序》由禪宗二祖慧可大師作。序中言明「《洗髓經》一帙附衣缽。」又曰：「惟《洗髓經》義深精進，無基初學難解，其效亦難至，是為豐後之究竟也。」

　　略譯《達摩·洗髓經》之經題：達摩，即菩提達摩禪

師，中文譯音：達摩，意譯：為道法，也作法空（不立一法，不捨一法，言事理渾化無邊也），即改變身心之方法。

洗者，清洗、洗滌，有洗心滌慮之意。

髓者，泛指人體之精髓、骨髓、腦髓。

經者，經典也。入道之門徑，有串聯之意。

《達摩·洗髓經》在下卷，有附錄，封面注明「本衙藏板」，由南天竺達摩祖師著，釋慧可譯義並作序，李靖（唐）作序，牛皋（宋）作序，李靖和牛皋都敘述了得《易筋經》和《洗髓經》之因緣。並有「宋少保岳鵬舉鑒定」八個字等。書中除了有圖譜、其完整性是很難得的。還有歷代修煉者的附錄和注釋，極大地豐富這套古老的導引養生法，具有完整性和實用性，文獻價值高。

佛學之禪法注重「根本」。達摩祖師將易筋、洗髓二法作為入門築基和參禪悟道的功課來傳授。《易筋經》總論曰：「初基有二。一曰：清虛；一曰：脫換。」能清虛則無障，能脫換則無礙。無障無礙，始可入定出定矣。知乎此則進道有基矣。

所云清虛者，洗髓是也；脫換者，易筋是也。其洗髓之説，謂人之生，感於情欲，一落有形之身，而臟腑肢髓悉為穢所染，必洗滌淨盡，無一毫之瑕障，方可步起凡入聖之門。不由此則進道無基。

所言洗髓者，欲清其內。易筋者，欲堅其外。如果能內清淨，外堅固，登聖域，在反掌之間耳！

《洗髓經》中養生法收於《行住立坐臥睡篇》和《洗髓還原篇》。「本衙藏板」之附錄中的一些養生方法，如《八段錦導引法圖》皆可印證此二篇，可參照修習。

易筋以堅其外

一套完整的功法，尤如一個健全的人，功法是其骨骼，心法是其心腦，技法是其手腳，動作要訣是其經脈，輔助功法是其血液，缺一不可。《達摩·洗髓經》凡聖同歸，它統攝上、中、下不同根器的眾生，乃改變自身心靈之門徑，針對性強，自身即可依「經」驗證，因此《達摩·洗髓經》並非隨意創編的粗合之相，千百年來也凝聚著歷代實踐者的智慧，使之更加完備，造福人類，功德無量。被後世譽為禪功之源。

【注】

①杜鴻漸：（西元709-769年）字之巽，唐代名醫，師承於蕭亮。

②邱玄清：（西元1327-1393年）號雲谷，五龍道士恩拜監察御史統領天下道教，師承張三豐。

五、《達摩●洗髓經》踐行傳弘訣 　（附CD光碟）

緣　起

　　二〇〇八年正月應菲律賓中國氣功會之邀前往馬尼拉傳授《達摩·易筋經》，到達後同仁們提出希望能同時傳授《達摩·洗髓經》，愚勉為應承。在確保同仁學好《達摩·

易筋經》的同時擠出六個課時講授《達摩·洗髓經》，坦白說，以開班的形式傳授《達摩·洗髓經》還是第一次，教材也沒有準備，只好手寫《達摩·洗髓經》經文，然後複印分發給同仁，菲律賓的同仁大多是以社會氣功（公園氣功）為學習方式，對於傳承功法不以為然，但熱情可嘉。

回國後，我思考怎樣傳授傳承功法的次第問題，並作了具體的準備，菲律賓國際養生會創會會長清雲仁兄來電說，大家有重學《達摩·洗髓經》的想法，並邀請六月再度訪菲。於是加快了準備的節奏，臨行前終於印刷了三十套《達摩·洗髓經》和掛圖、視頻演示光碟等，另將在菲律賓講課的內容全部收入《講義》中，增編為《傳承與心得》供同仁們參考。

在清雲兄府上每天陪煉《達摩·易筋經》外，還應請開講《達摩·洗髓經》，又在「晉總大禮堂」舉辦《達摩·易筋經》講座，愚每日備課為清雲仁兄講解《達摩·洗髓經》經義，亦在進修班上擇重點宣講，使學員能能領略《達摩·洗髓經》之要義。

達摩禪師所傳授的《洗髓經》，由釋慧可譯為漢文，經文為五言偈頌體，全文共七篇，開篇為〈總義〉，〈無始鍾氣篇第一〉、〈四大假合篇第二〉、〈凡聖同歸篇第三〉、〈物我一致篇第四〉、〈行住立坐臥睡篇第五〉、〈洗髓還原篇第六〉、〈翻譯經義後跋〉（為四言偈頌體），〈傳臨濟正念篇第七〉。手抄本將〈第七〉省略了，可能由於沒有看到什麼內容的原故，其實不然，此正說明禪宗歷史，自六祖惠能禪師後，不傳衣缽，但臨濟宗仍以正念傳法。

總　義

經曰：「如是我聞時，佛告須菩提。」

· 〔筆者按〕此係佛經開卷語。

「如是」指佛說。

「我聞」是佛弟子聽說並記載的。

「時」亦作「一時」是指時空。

釋迦牟尼佛告訴弟子須菩提。

「須菩提」亦譯須浮帝、須扶提，意譯善見、空生、善
觀。為釋迦牟尼十大弟子之一，善解諸法空性，常入無
諍三昧，釋迦牟尼贊曰：解空第一。

洗髓以清其內

經曰：「易筋功已竟，方可事於此。
　　　　此名靜夜鐘，不礙人間事。」

· 〔筆者按〕煉易筋功已經有驗證後，方才可以言及洗髓。
修習洗髓經是在夜深人靜時，因此，不會妨礙白天的人
間事。

經曰：「白日任匆匆，務忙衣與食。
　　　　運水及擔柴，送尿與送屎。」

·〔筆者按〕白天忙忙碌碌，為衣食而奔波，挑水擔柴，吃
　喝拉撒，整天忙碌不休。

經曰：「抵暮見明星，燃燈照暗室。
　　　　晚夕功課畢，將息臨臥具。」

·〔筆者按〕到了晚上，抬頭可以看到天空的星辰時，點燃
　燈燭，驅散黑暗，等到晚課做畢，行將休息的時分。

經曰：「大眾咸鼾睡，忘卻生與死。
　　　　默者獨驚醒，黑夜暗修持。」

·〔筆者按〕大眾都漸入夢鄉，鼾聲起伏，渾然忘卻生死大
　事，唯有靜默者獨自驚醒，利用夜深人靜時做修行。

經曰：「撫體歎今夕，過了少一日。
　　　　無常來迅速，身同少水魚。」

·〔筆者按〕回想過去的一天，人世間生滅變化無常，自身

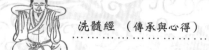

如同池中的魚兒，看著池水在不停也流失，心中升起了
緊迫感。

經曰：「顯然如何救，福慧何日足？」

·〔筆者按〕每天為營生忙忙碌碌，自身的福報、智慧不知
何時才能具足。

經曰：「四恩未能報，四緣未能離。
　　　　四智未現前，三身未皈一。」

·〔筆者按〕想到國土恩、父母恩、眾生恩、三寶恩都未報
答，人間的種種因緣尚未了卻，智慧也沒有現前，尤如
懸在半空。不知身歸何處，

經曰：「默觀法界中，四生三有備。」

·〔筆者按〕在靜默中觀想過去、現在和將來，理不出一個
頭緒來。

經曰：「六根六塵連，五蘊並三途。
　　　　天人阿修羅。六道各異趨。」

·〔筆者按〕人的眼根、耳根、鼻根、舌根、身根、意根（六根）連著色塵、聲塵、香塵、味塵、觸塵、法塵（六塵）。五蘊積聚之身，色蘊、受蘊、想蘊、行蘊、識蘊（五陰）受三途六道苦，刀途、血途、火途（三途），一天道、二人道、三修羅道、四餓鬼道、五畜生道、六地獄道（六道）。天、人、阿修羅都在六道中輪迴。

易筋以堅其外

經曰：「二諦未能融，六度未能具。」

·〔筆者按〕由於真諦和俗諦（二締）都不能圓佈施、性善、忍辱、精進、靜慮、智慧（六度）尚未具足。

經曰：「見見非是見，無明未能息。
　　　　道眼未精明，眉毛未落地。」

·〔筆者按〕是非不明，見地不真的根本原因是無明，即無有智慧，不明真實。特指對真實事、理、諦等的無知。佛教認為無明是眾生不得解的根本因緣。因此要虛心學習，明瞭事理，增長智慧。

經曰：「如何知見離，得了涅槃意。
　　　　若能見非見，見所不能及。」

・〔筆者按〕只有遠離「無明」才知道「涅槃」的本意。「涅槃」，梵文「滅」之意譯，漢譯「不生不滅」。《瑜伽師地論》等佛學大論是這樣論述涅槃的：涅槃有不死、不老、無病、無衰、無損、無沒、永恆、恒在、久住、堅固、甘露等異名，與中國的長生不老、永生等實是同義。當知道了不生不滅的境界，對俗世生死煩惱的徹底斷滅，為佛教修行最高境界，世間所有的見地都不能及。

洗髓以清其內

經曰：「蝸角大千界，焦眼納須彌。」

・〔筆者按〕蝸角、焦眼：此二句，言人身之六根，六根連六塵，若能超脫六塵，那麼再小的眼孔也能容納須彌山。
經曰：佛道是眼，此眼非眼目也。

經曰：「昏昏醉夢閒，光陰兩俱失。
　　　　流安於生死，苦海無邊際。」

・〔筆者按〕終日昏昏沉沉，醉生夢死，光陰很快就會失去，在六道中輪迴，苦海茫茫無有邊際。

經曰：「如來大慈悲，演此為洗髓。」

・〔筆者按〕為眾生脫離苦海，釋迦牟尼發大慈悲心，演說
《洗髓經》。

經曰：「須俟易筋後，每于夜靜時。
兩目內神光，鼻中微運息。
腹中覺空虛，正宜納清熙。」

・〔筆者按〕修習《洗髓經》須待習煉《易筋經》有修證，
身體外強內壯後，於每天夜深人靜時，兩眼神光內收（閉
目），用鼻微微呼吸，當感到腹中（下丹田）空虛時，正
是吸納清氣的時機。

經曰：「朔望及兩弦，二分並二至。
子午守靜功，卯酉乾沐浴。」

・〔筆者按〕修習《洗髓經》要把握時機，如朔望，（朔日
即夏曆（農曆）初一、初二、初三，即月初三天。望日，
夏曆十四、十五、十六，即月中三晚。）每天子午二時
是修習靜功的最佳時機，因數時、午時是人身陽氣和陰
氣生發之時，行子午而交龍虎。卯酉時則適宜乾沐浴，
即自我按摩。（卯時，即地支的第四位，早晨五點至七點，

人體氣血運注大腸經。酉時，即晚五點至七點，自上而下乾沐浴。）

經曰：「一切惟心造，煉神竟虛靜。
　　　常惺惺不昧，莫被睡魔拘。」

·〔筆者按〕禪宗又稱心宗，以修養自心為目的，因此修習《洗髓經》是要用心的，屬性功。《易筋經》是命功，二者的功效不可替代。佛學認為：一切惟心造。煉神還虛由靜開始，經常入靜，以養神、煉神入門，洗心滌慮，不要被睡魔（昏睡）所困，古德云：神足不思睡。

經曰：「夜夜常如此，月月須行持。」

·〔筆者按〕如此修習要夜夜行持，常年累月地堅持。

經曰：「惟虛能容納，飽食非所宜。
　　　謙和保護身，惡癘宜緊避。」

·〔筆者按〕唯有空虛（心中、腹中）才能容納真氣和真神，如果飽食終日則易犯昏沉。平時要謙虛和氣，這是保護自身最佳的方法，惡劣的環境要注意避開。

經曰：「假借可修真，四大須保固。
　　　　柔弱可持身，暴戾災害避。」

・〔筆者按〕修習《易筋經》是為借假修真，古印度醫學認
　為，萬物皆由四大集合而成。人身是由四大和合而成。
　四大即地大、水大、火大。風大。凡人體顯堅硬相的屬
　地大，流動相的屬水大，暖熱相的屬火大，動搖相的屬
　風大。外顯柔弱可以養生，要注意避免由於性情暴戾引
　起的災難。

經曰：「過河須用筏，到岸方棄之。」

・〔筆者按〕此句為修行「喻」，比喻修行各階段的法，尤
　如過河用的筏，到了對岸即可放棄，如果捨不下，那麼
　筏就成了包袱。就修煉而言，《易筋經》是為身體外強內
　壯，待習煉有修證後，就要捨棄，集中精力修習《洗髓
　經》。

經曰：「造化登成理，從微而至著。
　　　　一字透天機，漸進細尋思。」

・〔筆者按〕每個人的造化不同，但都要從細微處入手，這
　一點非常重要，要好好地體會。

經曰：「久久自圓滿，未可一蹴之。

　　　　成功有定限，三年九載餘。

　　　　從容在一紀，決不逾此期。」

·〔筆者按〕修習《洗髓經》不可貪急求快，須待天長日久，
　自然會圓滿，絕對沒有一蹴而成的快捷方式。但只要方
　法正確，堅持不懈，三至九年，必有所成，即使天質愚
　鈍者，十二年亦可功成。

經曰：「心空身自化，隨意任所之。

　　　　一切無掛礙，圓通觀自在。」

·〔筆者按〕只有心裏空了，心無掛礙就無煩惱，人就會輕
　安，事事圓融，通達自在。

經曰：「隱顯度眾生，彈指趨無始。

　　　　待報四重恩，永滅迷途苦。」

·〔筆者按〕圓通自在度人就沒有障礙，以此功德報國土恩、
　父母恩、眾生恩、三寶恩，永遠滅除迷途之苦。

經曰：「後人得此經，信授可奉行。

後人于授受，叮嚀視莫輕。」

・〔筆者按〕若有因緣修習《洗髓經》，應信授踐行，後人
授受《洗髓經》時，要叮嚀學人千萬莫輕視，古德云：
大道至精至簡。人身難得，佛法難聞。如今既得人身，
又聞佛法，要努力精進呀！切勿錯過、空過。

無始鍾氣篇第一

經曰：「宇宙有至理，難以耳目契。

凡可參悟者，即屬於元氣。

氣無理不運，理無氣不著。

交並為一致，分之莫可離。」

・〔筆者按〕宇宙中的真理不是僅憑耳目可以察覺的，只有
經過親自踐行才會有所覺悟，覺悟的基礎是元氣，氣和
理是相輔相成，不可分離。此段文字即闡述了禪宗的「理
入」。

易筋以堅其外

經曰：「流行無間滯，萬物依為命。
　　　　串金與透石，水火可與並。
　　　　並行不相害，是曰理與氣。
　　　　生處伏殺機，殺中有生意。」

・〔筆者按〕氣與理之間是沒有矛盾的，而是圓融的，它的
　作用是巨大的，可以串金透石，水火相容，亦可使絕處
　逢生。

洗髓以清其內

經曰：「理以氣為用，氣以理為體。
　　　　即體以顯用，就用以求體。
　　　　非體亦非用，體用兩不立。
　　　　非理亦非氣，一言透天機。」

・〔筆者按〕理與氣關係是「用」與「體」，接下來再探究
　竟的三句偈頌，以一言透天機，即「空」

經曰：「百尺竿頭步，原始更無始。
　　　　悟得其中意，方可言洗髓。」

・〔筆者按〕要探「究竟」須從源頭，若能悟得其中的涵義，
　才可以修習《洗髓經》。

四大假合篇第二

經曰：「元氣久氤氳，化作水火土。
　　　　水發崑崙巔，四達注坑井。」

・〔筆者按〕元氣彌漫全身，氣化成水大、火大、地大，水
　發自頭部（崑崙）慢慢向下流注，滋潤和洗滌五臟六腑
　之精髓。

經曰：「靜坐生暖氣，水中有火具，
　　　　濕熱乃蒸騰，為雨又為露。」

・〔筆者按〕靜坐時火大升起，水火相濟，濕熱蒸騰，化作
　雨露滋養全身。

經曰：「生人又生物，利益人世間。
　　　　水久澄為土，火乃氣之煥。」

・〔筆者按〕世間萬物生成的道理都是相通的，若能應順自
　然，相互都有利益。水大最終歸於地大，火大氣化成風
　大，四大和合，藉假修真。

經曰：「人身小天地，萬物莫能比。
　　　具此幻化質，總是氣之餘。」

・〔筆者按〕人身是一個小宇宙，萬物都不能之相比，那是
　因為有元氣的緣故，才能使地、水、火、風四大和合。

洗
髓
以
清
其
內

經曰：「本來非我有，解散還太虛。
　　　生亦未曾生，死亦未曾死。
　　　形骸何可留，垂老後天地。」

・〔筆者按〕「藉假修真」是修習的過程和方法，其目的是
　為了探尋「究竟」。

經曰：「假借以合真，超脫離凡數。
　　　參透洗髓經，長生無可期。
　　　無假不顯真，真假渾無隙。」

・〔筆者按〕《易筋經》是一個藉假修真的方法，若能藉此
　體會到動中有靜境界，那對參悟《洗髓經》有很大幫助，
　《洗髓經》之〈站立、坐臥〉靜中有動的境界是「顯真」
　的過程。

經曰：「應作如是觀，真與假不二。
　　　四大假合形，誰能分別此？」

・〔筆者按〕應該是這樣來觀察真與假，真與假是並無二質
　的，人身四大本來就是假合而成，誰又能將之完全區分
　開呢？

凡聖同歸篇第三

經曰：「凡夫多吃假，美衣飾其體。
　　　徒務他人戲，美食日復日。
　　　人人皆如此，碌碌天地間。」

・〔筆者按〕世間凡夫大多為「假」所迷，不知「真諦」。
　終日忙忙碌碌，追求美味的食物和華麗的衣服。

經曰：「不暇計生死，總被名利牽。
　　　一朝神氣散，油盡而燈滅。
　　　身屍埋曠野。驚魂一夢攝，
　　　萬苦與千辛，幻境無休歇。」

・〔筆者按〕總是追名逐利，根本沒有閒暇考慮生死大事。

易筋以堅其外

有朝一日一命歸天，宛如黃粱夢一場，千辛萬苦一輩子，一刻也不曾停歇，所追所逐終究不過夢幻泡影。

經曰：「聖人獨認真，布衣而蔬食。
　　　　不貪以持己，豈為身口累。
　　　　參透天與地，與我本一體。
　　　　體雖有巨細，靈活原無異。」

・〔筆者按〕聖人深知其中要義，每日僅以布衣素食，不為身體和嘴巴所累，卻能參悟宇宙至理。宇宙與我，雖有真假、大小之別，但其靈性是沒有分別的。

經曰：「天地有日月，人身兩目具。
　　　　日月有晦朔，星與燈相繼。
　　　　縱或星燈滅，見性終不沒。」

・〔筆者按〕天有日月星辰，尤如人身的眼瞳，日月有陰晴圓缺，星燈亦可以相替，即使星、燈都滅了，聖人還是能明心見性。晦：古天文學名詞，夏曆月末之月相，內丹術以月相喻火侯，晦表示陰極之時。

經曰：「縱成瞽目人，伸手摸著鼻。
　　　　通身俱是眼，觸著則物倚。
　　　　此是心之靈，包羅天與地。
　　　　能見不以目，能聽不以耳。」

· 〔筆者按〕即使成了盲人，伸手可以摸到自己的鼻子，就
　像全身長著眼，觸摸到任何東西都會明瞭，說明心靈足
　以包羅天地。要用心靈去看事物，能看的不只有眼，能
　聽的不只有耳朵。

經曰：「心若能清淨，不為嗜欲迷。
　　　　自知原來處，歸向原來去。
　　　　凡夫與聖人，眼橫鼻長直。
　　　　同來不同歸，因彼多外馳。」

· 〔筆者按〕凡夫與聖人在外形上並無大差異。凡夫之所以
　為凡，聖人之所以為聖，皆因凡夫心念大多外馳。如果
　能自心清淨，不再執著於貪欲，瞭解到自己的本原，那
　麼凡夫與聖人的差異就不會這麼大了。

經曰：「若能收放心，常提生與死。

　　　　趁此色健身，精進用以力。

　　　　洗髓還本原，凡聖許同歸。」

·〔筆者按〕凡夫若能收回外弛的心，常以生死之事為重，

　趁現在身體健康，精進努力修習《洗髓經》，返璞歸真，

　凡夫和聖人也是可以殊途同歸的。

物我一致篇第四

經曰：「萬物非萬物，與我同一氣。

　　　　幻出諸形相，輔助生成意。

　　　　有人須有物，用作衣與食。

　　　　藥餌及器皿，缺一即不備。」

·〔筆者按〕世間萬物也不是一陳不變的，它們像人一樣有

　生有滅。世間萬物都可為人所用，缺少哪一樣都會不便，

　但不可為世間萬物所累，忘卻根本。

經曰：「飛潛與動植，萬類為人使。
　　　　造化恩何洪，妄殺成暴戾。
　　　　蜉蝣與蚊蠅，朝生而暮死。」

·〔筆者按〕天上飛的，水裏游的，動物和植物，亦或朝生
　而暮死的小昆蟲都是大自然的造化，我們可以適當利
　用，但千萬不可暴戾妄殺。

經曰：「龜鶴麋與鹿，食少而服氣。
　　　　乃得享長年，人而不如物。」

·〔筆者按〕龜、鶴、麋鹿都是性情溫和的動物，牠們食少
　而善服氣，由此得享長壽。中國古代就有仿生養生法傳
　世，食少而服氣，氣足不思食，故食少，服氣以和氣，
　龜納鼻息，鶴養胎息而能壽。

經曰：「只貪衣與食，忘卻生與死。
　　　　苟能卻嗜欲，物我而一致。」

·〔筆者按〕世人只貪圖食物和衣服，忘卻了生死大事，在
　這一點上，人還不如這些性情溫和的動物。如能夠忘卻
　嗜欲，學習龜納鼻吸，鶴養胎息就能長壽。

行住立坐臥睡篇第五

- 〔筆者按〕此篇是《達摩‧洗髓經》的具體操作法，它和生活息息相關，字裏行間卻又充滿禪意，耐人尋味，希望學人能背誦第五、六篇。古德云：「經讀百遍，其義自現。」

洗髓以清其內

經曰：「行如盲無杖，自然依本分，
舉足低且慢，踏實方可進。
步步皆如此，時時戒急行。
世路忙中錯，緩步保平安。」

- 〔筆者按〕幾乎所有的人都不記得蹣跚學步的時刻，但一定看到過孩童學步的樣子，自從學會走路後，很少再有人去思索行走的問題。當看到有人失去行走能力時，在人生道路上摔倒時，我們會作何感想？

在養生導引法中有「行禪」、「徑行」等方法，而《達摩‧洗髓經》之行法還告誡行者，世路茫茫不要忙中出錯，唯有自然依本分、踏實、緩步才能保平安，這是人生的哲理更是禪機。

圖 1

圖 2

易筋以堅其外

行法：紮緊腰帶，穿平底鞋；平心靜氣，兩手十指交叉，
　　　翻掌上托，舉過頭頂（圖 1）；咬牙、舌抵上齶，緩
　　　步行走（圖 2）。
　　　（可在空曠地前行或在大樹旁繞行，行走八至十分
　　　鐘。）
功效：清氣上升，濁氣下降。

經曰：「**住**如臨崖馬，亦如到岸舟。
回光急返照，認取頓足處。
不離於當念，存心勿外務。
得止宜知止，留神守空穀。」

· 〔筆者按〕住、立、坐、臥、睡都屬靜功，靜功的關鍵是
靜中有動。靜功的基礎是《達摩·易筋經》的十二勢，
先將十二筋經疏通，再運用《八段錦導引法》開通尾閭、
夾脊、玉枕三關，使督脈通；閉目（回光急返照），咬牙、
舌抵上齶（是接通任脈與督脈）；意守下丹田（認取頓足
處），止於下丹田（得止宜知止《達摩·洗髓經》之心法
即「守中知止」）；留神守空穀，內丹術術語，空穀即下
丹田異名。

洗髓以清其內

易筋以堅其外

行法：伏虎樁，兩腳開立略寬於肩，屈膝成馬步。

功效：洗五臟之精髓、骨髓、脊髓、腦髓，師云：「若要把髓洗，先從站樁起。」

注意：伏虎樁強度較大，初學者要循序漸進。

經曰：「立定勿傾斜，形端身自固。
　　　　耳目隨心靜，止水與明鏡。
　　　　事物任紛紛，現在皆究竟。」

· 〔筆者按〕鬆靜站立，是《達摩·易筋經》過渡到《達摩·洗髓經》的重要方法，煉完《達摩·易筋經》十二勢後，閉目、兩手合掌或結定印（右手在上，左手在下兩大拇指相抵。）置於胸前，鼻吸鼻呼，咽津、咽氣，使心平氣和。

收功：搓手熨目，拍手，拍打內關、外關、環跳穴、足三里、三陰交穴。

功效：洗五臟六腑之精髓，體會外靜內動，感受龍行虎自奔（人體津、精、血為龍，氣為虎）。

注意：身體保持正直，內觀下丹田。

經曰：「坐如邙山重，端直肅儀容。
　　　　閉口深藏舌，出入息與鼻。
　　　　息息歸元海，氣足神自裕。
　　　　浹骨並洽髓，教外別傳的。」

· 〔筆者按〕坐（靜坐、坐禪）是一種很重要的修行方法，最常用的是「結趺跏座」。在《達摩·易筋經》已介紹了「冥心握固座」，《達摩·洗髓經》的坐法以《八段錦導

引法圖》為基礎，以先通關、再洗髓為次第，詳法參照《八段錦導引法圖》。

易筋以堅其外

靜坐：結趺跏坐，閉目（內視下丹田），兩手結定印；身體前傾（肋腹運尾閭），推出尾閭（此舉非常重要）；咬牙、舌抵上齶，咽津液，用意送到下丹田（有津即咽）。

功效：洗脊髓、腦髓，《醫經》曰：洗心曰齋，防範曰戒。

注意：靜室光線不要太強，不要坐在風口。

經曰：「臥人如箕形曲，左右隨其宜。
　　　　兩膝常參差，兩足如鉤巨。
　　　　兩手常在腹，扪臍摸下體。
　　　　睾丸時挣判，如龍戲珠勢。」

洗髓以清其內

陳希夷左睡功圖

·〔筆者按〕臥占居人生三分之一的時間，臥的姿態和方法
　很重要，臥法參照《陳希夷睡功圖》。兩手放在腹部，然
　後一手扪臍，一手摸睾丸，同時咬牙、舌抵上齶，用鼻
　吸氣。

經曰：「倦則側身**睡**，睡中自不迷。
　　　　醒來方伸足，仰面亦不拘。
　　　　夢覺詳無異，九載見端的。」

陳希夷右睡功圖

·〔筆者按〕行臥法後有倦意，即右側睡參照《陳希夷右睡
　功圖》。覺醒後仰臥伸展手足，如此九年會有收穫。

經曰：「超出生死關，究竟如來意。
　　　　行住坐臥篇，只此是真諦。」

·〔筆者按〕《達摩·洗髓經》是認識生死大事的經典，孔
　子曰：不知生，焉知死。只有修習《達摩·洗髓經》才
　能明白釋迦牟尼的究竟，一切都從行、住、立、坐、臥、
　睡開始，這就是養生生活的真諦。

洗髓還原篇第六

經曰：「易筋功已畢，便成金剛體。
　　　外感不能侵，飲食不為積。」

· 〔筆者按〕〈洗髓還原篇〉是重要的篇章，希望學人能背
　誦此篇。修習《達摩·易筋經》後，身體外強內壯，寒
　暑不能侵入，飲食也不會積聚。

經曰：「還怕七情傷，元神不自持。
　　　雖具金剛相，猶是血肉軀。」

· 〔筆者按〕雖然身體強壯了，還是怕七情的傷害，七情所
　傷會傷及元神和元氣，因此強壯的身體仍然是血肉之
　軀，經不起七情的傷害。

經曰：「須照洗髓經，食少多進氣。
　　　搓摩乾沐浴，撥眼復按鼻。」

· 〔筆者按〕必須參照《達摩·洗髓經》，服氣少進食。卯
　酉二時搓熱兩掌自上而下乾沐浴，再用兩手輕輕撥眼，
　然後再用手按鼻翼。

經曰：「摸面又旋耳，不必以數拘。

　　　　乜眼常觀鼻，合口任鼻息。」

・〔筆者按〕接下夾用兩掌摩面；再用兩手掌掩耳前後按摩。
　不必記數以面部耳部發熱為度。兩手按膝眼下視觀鼻白
　（尖），咬牙、舌上抵，鼻吸鼻呼。

經曰：「每去鼻中毛，切戒睡遠地。

　　　　每日五更起，吐濁納清氣。

　　　　闢眼去小便，切勿貪酣睡。

　　　　厚褥趺跏坐，寬解腰中繫。」

・〔筆者按〕每天寅時即起，吐故納新是最佳時機。早上起
　床要睜開眼，咬著牙去小便，這樣做精氣才不會離散。（切
　勿貪酣睡，久睡傷氣。）吐故納新和小便後，再寬衣解
　帶，在厚褥上結趺跏坐。

注意：年紀大的男性要經常修剪自已的鼻毛，因鼻毛有收
　　　縮功能，毛長會影響進氣量。戒在遠離人群的地方
　　　睡覺。

經曰：「右膝包左膝，調息舌柱齶。

　　　　脅腹運尾閭，推腎手推搦。

分合按且舉，握固按雙膝。
　　鼻中出入絲，絲綿入海底。」

·〔筆者按〕跌跏坐，可先採用《達摩·易筋經》之「冥心
握固法」，先將左腳收回，左腳跟抵住會陰部（圖 1），
再將右膝包住左膝；閉目冥心，咬牙、舌抵上齶；兩手
握固按雙膝（圖 2），兩手分合上舉，重複三次；身體保
持正直，脅腹前傾同時推出尾閭（此舉非常重要）；用鼻
吸鼻呼，將氣沉入下丹田。（具體動作要領參照《八段錦
導引法圖》第一、四段）

洗髓以清其內

圖 1

圖 2

經曰：「有津續咽之，以意送入腹。
　　　　叩牙鳴天鼓，兩手俱掩臍。
　　　　伸足扳其趾，出入六六息。
　　　　兩手按摩竟，良久方拳立。」

· 〔筆者按〕繼上勢：待口中津液出可續下嚥，用意將津液
　送到下丹田，此舉即用津液灌洗五臟六腑；叩齒三十六
　（每組九次，作四組）是調火候；兩手掌按聽宮，食指
　壓在中指上，慢慢下滑，發出聲響，謂鳴天鼓，二十四
　次；然後兩手放在臍上，右手在內，續咽津液；兩足放
　舒伸，低頭攀足頻。（動作要領參照《八段錦導引法圖》
　第一、二、四、七、八段）。

易筋以堅其外

經曰：「左腳亦穴然，按摩功已畢。
　　　　徐徐方站起，行穩步方移。
　　　　忙中恐有錯，緩步為定例。
　　　　三年並九載，息心並滌慮。」

· 〔筆者按〕兩手先按摩左足部，後按摩右足；然後起身，
　然後兩手交叉上舉，慢步行走，每步都要放鬆腰、腕、
　膝、踝等關節；行走時洗心滌慮，堅持三至九年，此謂
　洗骨髓。

經曰：「洗骨更洺髓，脫殻飛身去。
　　　　漸幾渾化天，末後究竟地。」

・〔筆者按〕修習《達摩・洗髓經》是脫胎換骨的功夫，要
　三至九年才能入究竟地。

經曰：「即說偈曰：
　　　　口中言少，心頭事少。
　　　　腹裏食少，自然睡少。
　　　　有此四少，長生可了。」

・〔筆者按〕佛經中的偈語亦稱法語，是總結性的，上面四
　句說明了修身養性方法的二組因果關係：一、口中言少，
　心頭事少。二、腹裏食少，自然睡少。有此四少，長生
　可了。

翻譯經義後跋

·〔筆者按〕釋慧可翻譯了菩提達摩禪師所傳《達摩·洗髓經》經義後寫的跋，全文為四言偈頌體，匯釋如下：

釋慧可曰：「前譯經文，後譯名義，
　　　　　文言名義，異味可通。
　　　　　梵語達摩，華言法空，
　　　　　空諸所有，不即不離。」

·〔筆者按〕前面的經文以及後面所譯的名義，雖然所用文字相異，但道理是相通的。如梵言「達摩」，華言「法空」，即諸法空相。

釋慧可曰：「人若執經，終不遷移，
　　　　　分門別日，我慢自趨。
　　　　　同己則許，異己則毀，
　　　　　在教泥教，老死範圍。
　　　　　如此之人，迂而且鄙，
　　　　　坐井觀天，螻蛄為期。」

·〔筆者按〕人們如果執著經文，那麼就會發展成「傲慢」，自己懂的則認可，不懂的就否定，像這樣的人又迂腐又

鄙薄，他的見地如坐井觀天，他的生命也像蟪蛄一樣朝
生暮死。

釋慧可曰：「祖師圓通，東遊西歸，
　　　　　只履獨步，熊耳滅跡。
　　　　　不惟葬度，且並空理，
　　　　　無掛無礙，得大自在。」

·〔筆者按〕達摩祖師圓通無礙，東來西歸僅憑一人，在熊
　耳山滅度也透出了空理，那是祖師得大自在。

釋慧可曰：「噫嘻吾師，天縱生知，
　　　　　生於默識，幼而穎異。
　　　　　少遊量度，窮有敬誼，
　　　　　不泥言筌，直見淵源。」

·〔筆者按〕啊！我的老師，有先天的慧根，從小就聰穎過
　人，心胸很寬廣，放棄繼承王位，不拘泥於文字，追根
　朔源，直指人心。

釋慧可曰：「時來東土，直指性地，

> 解纏[1]出縛[2]，天人師資。
> 數祖洪慈，遺茲妙諦，
> 後之見者，慎勿漠視。」

·〔筆者按〕達摩禪師來到中華，直言明心見性，解脫種種
纏縛，不愧為一代祖師，歷數達摩祖師行願和慈悲，菩
提達摩在中國傳承了釋迦牟尼的妙諦，以後若有緣得到
者，千萬不要輕視，應珍之寶之，代代相傳。

【注】

①**解纏：**佛教名相，纏，煩惱纏縛之意，解纏即從煩惱中解
脫出來而顯現法身，稱為解纏。

②**出縛：**佛教名相，縛，拘束之意，又作結縛。指身心煩惱、
妄想或外界事物束縛而失去自由，出縛即從妄想、煩惱中
解脫出來，稱為出縛。

易筋以堅其外

傳臨濟正念篇第七

月庵超昱緒欣內典翻譯

．〔筆者按〕以上十八個字書於「本衙藏板」《達摩・洗髓經》的最後，以下是空白（也有人將空白處說成是無字天書），據筆者所知這是書寫法卷傳承的，以下簡述禪宗法脈傳承。

自釋迦牟尼在靈山「拈花微笑」後當眾宣說：「吾有正法眼藏，涅槃妙心，實相無相，微妙法門，不立文字，教外別傳，付囑摩訶迦葉。」這是釋迦牟尼心傳法門，故又稱心宗，釋迦牟尼以心印傳摩訶迦葉①，由摩訶迦葉傳至菩提達摩已有二十八代，達摩禪師開創中國禪宗，禪宗自稱教外別傳，不立文字。謂釋迦牟尼心傳法門，故又稱心宗，釋迦牟尼以心印心。

菩提達摩於中華南北朝時從海路來到廣州，開中華禪宗，傳法於二祖慧可，慧可又傳三祖僧璨②，僧璨傳四祖道信③，道信傳五祖弘忍④，道信又別傳法融（開牛頭山支系），弘忍傳神秀、惠能⑤，禪門大啟，惠能被尊為六祖，六祖以上均以衣缽相傳，惠能以後不傳衣缽，六祖惠能禪師門下南嶽懷讓⑥、青原行思二大系，青原系下形成曹洞、雲門、法眼三宗，南嶽系下形成溈仰、臨濟二宗，合為禪宗五家，稱為「一花開五葉」。

五家中溈仰、雲門、法眼三家傳至北宋中葉相繼絕嗣，

唯臨濟、曹洞相傳至今。

　　臨濟宗是中國禪宗五家之一，蓋因開創者義玄禪師[7]在鎮州（今河北正定）臨濟禪院傳法而得名。所傳內典即「佛典」，禪師傳法要手書「法卷」傳於法嗣，謂之傳法。

【注】

①**摩訶迦葉**：亦稱大迦葉、迦葉，釋迦牟尼的弟子，釋迦牟尼以心印心，迦葉得正法眼藏後，成為古印度禪宗祖師。

②**僧璨**：亦稱大隋三祖（？—西元606），中國禪宗二祖慧可傳付衣法時為三祖所取的法名。

③**道信**：俗姓司馬（西元580—651），得法於三祖僧璨，為中國禪宗四祖，因他和門徒弘忍同在湖北黃梅東山弘法，故世稱東山法門。

④**弘忍**：俗姓周（西元601—674），七歲出家，師從道信，為中國禪宗五祖，惠能、神秀都出自弘忍門下，使禪門大開。

⑤**惠能**：俗姓盧（西元638—713），故人稱盧行者，有《法寶壇經》傳世，弘忍付衣法與惠能，為中國禪宗六祖，自惠能後只傳法，不傳衣鉢。

⑥**南嶽懷讓**：俗姓杜（西元677—744），少年出家，得法於六祖惠能，後住南嶽衡山般若寺，懷讓禪師是中國禪宗史上有重要地位，他建立的南嶽系，後來形成了著名的溈仰和臨濟二大家，臨濟宗傳承至今。

⑦**義玄禪師**：俗姓邢（西元787—867），少年出家，參黃檗希運禪師而得法，後住鎮定臨濟禪院，後世以臨濟為號，法席旺盛，名聲大振，是中國禪宗五大家裏最著名的臨濟宗創始人。

附：西方禪宗二十八祖傳承譜系

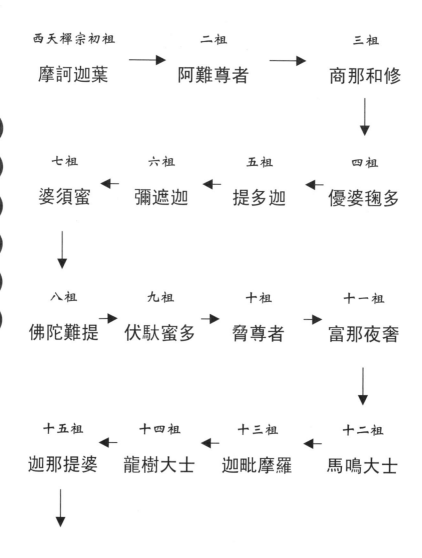

| 西天禪宗初祖 | 二祖 | 三祖 |
| 摩訶迦葉 → | 阿難尊者 → | 商那和修 |

| 七祖 | 六祖 | 五祖 | 四祖 |
| 婆須蜜 ← | 彌遮迦 ← | 提多迦 ← | 優婆毱多 |

| 八祖 | 九祖 | 十祖 | 十一祖 |
| 佛陀難提 → | 伏馱蜜多 → | 脅尊者 → | 富那夜奢 |

| 十五祖 | 十四祖 | 十三祖 | 十二祖 |
| 迦那提婆 ← | 龍樹大士 ← | 迦毗摩羅 ← | 馬鳴大士 |

洗髓以清其內

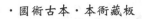
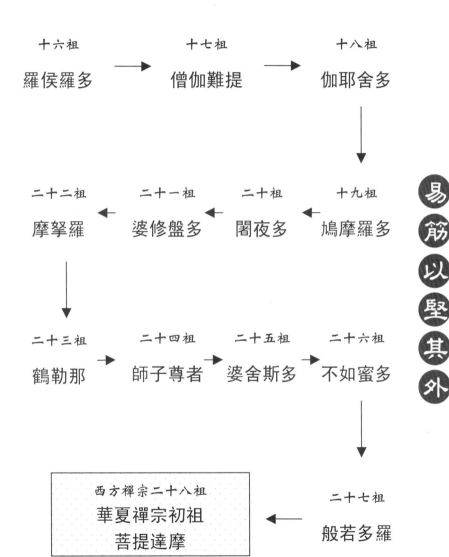

十六祖
羅侯羅多 →

十七祖
僧伽難提 →

十八祖
伽耶舍多

十九祖
鳩摩羅多

二十祖
闍夜多

二十一祖
婆修盤多

二十二祖
摩拏羅

二十三祖
鶴勒那 →

二十四祖
師子尊者 →

二十五祖
婆舍斯多 →

二十六祖
不如蜜多

二十七祖
般若多羅

西方禪宗二十八祖
華夏禪宗初祖
菩提達摩

易筋以堅其外

洗髓以清其內

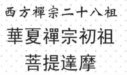

```
┌─────────────────────┐
│   西方禪宗二十八祖    │
│   華夏禪宗初祖       │
│   菩提達摩          │
└─────────────────────┘
          ↓
┌─────────────────────┐
│   華夏禪宗二祖       │
│   慧可禪師（487-593）│
└─────────────────────┘
          ↓
┌─────────────────────┐
│   華夏禪宗三祖       │
│   僧璨禪師（?-606）  │
└─────────────────────┘
          ↓
┌─────────────────────┐
│   華夏禪宗四祖       │
│   道信禪師（580-651）│
└─────────────────────┘
          ↓
┌─────────────────────┐
│   華夏禪宗五祖       │
│   弘忍禪師（601-674）│
└─────────────────────┘
          ↓
┌─────────────────────┐
│   華夏禪宗六祖       │
│   惠能禪師（638-713）│
└─────────────────────┘
```

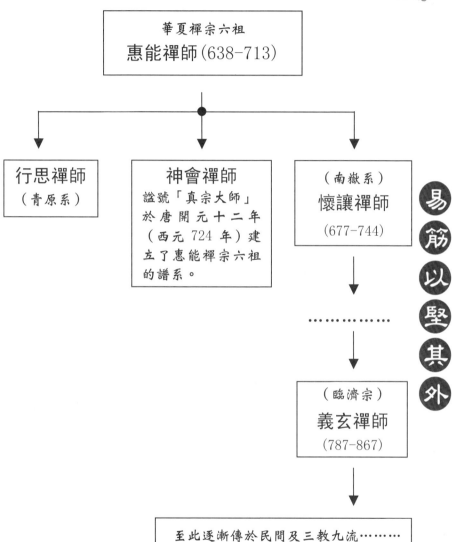

```
┌─────────────────────────┐
│      華夏禪宗六祖          │
│   惠能禪師(638-713)      │
└─────────────────────────┘
```

行思禪師	神會禪師	（南嶽系）
（青原系）	諡號「真宗大師」	懷讓禪師
	於唐開元十二年	（677-744）
	（西元 724 年）建	
	立了惠能禪宗六祖	
	的譜系。	

（臨濟宗）
義玄禪師
（787-867）

至此逐漸傳於民間及三教九流………

易筋以堅其外

131

六、《達摩●洗髓經》 之心法

　　菩提達摩禪師慈悲，來到中華，識國人之根器，傳《易筋經》、《洗髓經》統攝上、中、下三根。達摩禪師一生傳法，少言多行，直指人心，將門內不傳之秘「心印」和「心法」，付于眾生。

　　「守中」在《達摩·易筋經》是心印，因為，煉易筋時只有守住中道，才是守住源頭，源頭的氣調和了，並使之不離散，謂「守中用和」。易筋是調和身心、氣息是煉氣，守中是守住源頭，在煉功過程中貫串始終，不離不棄，此乃「心印」，般剌密諦曰：「此篇乃達摩佛祖『心印』，先基真法，在『守中』一句，其用在於其眼光七句①，若能如法行之，則雖愚則明，雖柔必強，極樂世界可立面登矣。」

　　「守中知止②」是《達摩·洗髓經》的心法，何為心法？不用外求，在本身，即自己本來之真如心性，又作本身。《六祖壇經》曰：「不識本心，學法無益。」禪宗有句口頭禪：即心是佛。《心王銘》曰：「自觀自心，知佛在內，不向外求，即心是佛，即佛即心。」心即佛心（覺悟之心），怎麼「守」？《達摩·洗髓經》曰：「回光急返照，認取頓足處。」是告誡人們不要滿世界去找，趕快回頭在自身裏認取立足處，即守中知止，《達摩·洗髓經》的心法，守「中」即守「自心」。要知道守住自心，並止於此，解纏出縛，此乃「心法」。

《樂育堂語錄》曰：「守中一步，雖屬入道初基，其實徹始徹終，皆離不開這『守中』二字。」「守中」一詞出自道家，《老子》曰：「多言數窮，不如守中。」老子很直白的指出，就是將所有的方法都數窮盡了，還不如守中。《性命圭旨》曰：『老子所謂「守中」者，守此本體之中也。』待精滿氣足後，使用心法，《達摩·洗髓經》曰：「不離於當念，存心勿外務，得止宜知止，留神守空穀。」

【注】

①七句：指閉眼、凝耳、勻鼻、緘口、逸身、鎖意、四肢不動等七句。

②知止：佛教名相，知即知曉、明瞭，止即止觀，自觀自心。

七、靜坐與禪定

《達摩·洗髓經》之〈行住立坐臥睡篇〉就是講入靜的要訣，如靜坐《達摩·易筋經》曰：「盤膝靜坐，口心相注，閉目調息，定靜後起。」此乃靜坐要領，由導引吐納「易筋」除昏沉。是在易筋經十二勢收勢之後，習煉靜坐之要訣，是為洗髓打基礎，禪門宣導靜悟，重視解脫，出纏解縛（去除妄念，消除煩惱）。

行，入靜狀態的行走，《達摩·洗髓經》曰：「徐徐方站起，行穩步方移。忙中恐有錯，緩步為定例。」行腳是古代修行人的基本功，功夫深入一步為行禪。

住，包含立、坐、臥、睡等。站立（樁）、靜坐、睡臥

等。

立，《達摩・洗髓經》曰：「**立**定勿傾斜，形端身自固。」站立功夫，又稱站樁，古德云；若要把髓洗，先從站樁起。站立是洗髓之基本功。

臥，《達摩・洗髓經》曰：「**臥**如箕形曲，左右隨其宜。兩膝常參差，兩足如鉤巨。」此佛家之吉祥臥。

睡，《達摩・洗髓經》曰：「倦則側身**睡**，睡中自不迷。」昏睡主要是吃得太飽，故經曰：「腹裏食少，自然睡少。」禪師常說：「舉手投足不離『這個』（是禪？是靜？難以言說）。」來達到養神，神氣足則性靜心空。

《禪門口訣》曰：「行住坐臥，常應繫念，但多臥則沉昏，立多則疲極，行多則紛動，難可一心，坐無此過，所以多用。」行、立、臥都要適宜，不可太過，唯坐功可多一些，下面講靜坐法和坐禪。

靜坐法（趺跏坐）

修習《達摩・洗髓經》先操煉《八段錦導引法》，然後在靜室（靜坐最好在室內）靜坐三十分鐘至六十分鐘，固定使用一個坐墊，坐墊厚約五公分，可結趺跏坐。

冥心握固坐：《遵生八箋》曰：「握固二字人多不考，蓋趺坐時以左腳後跟曲頂莖根下動處，不令精竅漏泄云耳。」

這種坐法密宗謂「方便坐」（悉達桑那），亦是左足跟抵會陰，以右足包左足，足底向上，足跟靠近臍下。有助於煉精化氣並有治療下焦疾病的功效。兩手握固，拳心朝

上，置於肋旁。這種坐法又名「降魔坐」、「菩薩坐」，有利降伏妄念。

《達摩·易筋經》曰：「此功昉自釋門，以禪定為主，將欲行持，先須閉目，冥心握固（見下圖），神思屏去紛擾，澄心調息，至神氣凝定。」

冥心握固

易筋以堅其外

靜坐法要訣

1. 寬衣解帶，上坐，兩腿結趺跏坐（俗稱單盤、雙盤），無論單、雙盤，務使足心朝上，兩手重疊掌心向上結「定印」置於小腹前（名曰：五心朝上，兩足心、兩手心和舌尖），上身保持正直，身體微向前傾，推出尾閭，打坐若壓住尾閭會犯昏沉。

2. 咬牙，舌抵上齶，先咬牙然後放鬆，同時舌抵（注意不是「舐」）上齶；眼簾下垂（眼留一線光，勿緊閉），下視鼻端；開始數出入息（一呼一吸為一息），採用鼻吸鼻呼，鼻息調勻，行呼吸之功時，耳不聞身外音，專注聽息。

3. 鼻息調勻後，守中知止，《洗髓經》曰：「不離於當念，存心勿外務，得止宜知止，留神守空殼。」

4. 靜坐時若犯昏沉，用兩手成爪狀，十指柱地，此法可使清氣上升，濁氣下降，對治昏沉。

5. 靜坐完畢，合掌對搓至手掌發熱，用手掌熨目（輕貼眼眶），然後慢慢睜開眼睛。

6. 下座時，用手將腿搬下，伸直兩腿，腳趾內勾，待腳不麻後才下座。

靜坐注意事項

1. 備一坐墊，厚約二寸，一尺見方的軟墊，靜坐時墊於臀下，此墊名曰「禪定墊」。

2. 關於推出尾閭，此舉非常重要，經曰：「肋腹運尾閭。」

養生學認為，人在母腹肚臍吸收，顱門呼出。出生後口鼻吸收，尾閭推出。故坐有坐相，不可壓住尾閭。

3. 靜坐時，靜室內不要有動物（寵物之類），靜室內光線要柔和，要避風，禁用冷氣。如靜極時受驚（雷聲、炮竹、門鈴、電話鈴等），不要急於離坐，兩手握固調息後再起身。初學者，不要在野外和不熟悉的環境席地而坐。

靜坐法是煉《洗髓經》基礎的，若要進一步研究靜坐法，請學習（明代）袁了凡著《靜坐要訣》[①]和《攝生三要》。

八、禪定與坐禪

說到禪定[②]人們馬上會聯想到達摩禪師在少林面壁九年。入禪定即進入了一定的境界，禪定有四禪八定，即初禪，未知定、根本定；二禪，近分定、根本定；三禪，近分定、根本定；四禪；近分定、根本定。入禪定的基礎是入靜，若能舉手投足都能入靜，始入「初禪未知定」境界。

坐禪，端身正坐而入禪定，坐禪法是參禪者一種主要方法，禪宗清規中有詳細的規定，如《敕修百丈清規》（卷五）〈坐禪儀條〉曰：「坐禪應息心靜慮，節制飲食，於閒靜處結跏趺坐，或半結跏，以左掌置於右掌上，二大拇指相拄，正身端坐，使耳與肩，鼻與臍相對，舌抵上齶，唇齒相著，兩目微微合攏。」（見下圖）

洗髓以清其內

【注】

① **《靜坐要訣》**：明·袁了凡著，論述佛家靜坐法，載有著名
　的〈白骨觀〉。

②**禪定**：梵文音譯，「禪那」之略。意譯為「靜慮」、「思維修」
　等。禪狀態是心注一境，故曰：禪定。

九、煉功要訣

吐納法，《達摩·洗髓經》，呼吸宜鼻吸口呼，要先咬牙，然後舌抵上齶，以免咽喉乾燥。待熟能生巧，才會自然。

《八段錦導引法圖》若要深入研究呼吸吐納，須與動作配合，行「導引」走化之實。養生書上有關呼吸的名相也較多，還是經過練習體會來得直接，由剛柔相濟的動作，再配合適當的呼吸，使筋骨產生變化，凡屈呼伸吸、開吸合呼、升吸降呼、俯呼仰吸、收吸放呼、起吸落呼，升降開合都有一個中心，這個中心有其具體的生理位置，這個位置即「守中」處。提氣，由此而上；沉氣，由此而下。開合、升降皆和合於此，謂守中也。

天時，十分重要，古人傳功講究天人相應，煉功也要與天時相應，如《達摩·易筋經》（上卷）之〈十二月行功〉從〈初月行功〉始，相應從夏曆正月始，逐月煉功，逐月驗證，十二月行功滿，才能全功。

我的老師還專門擇閏春月或閏秋月傳功，他說，閏春月學習宜長功，閏秋月煉功宜結丹。每逢閏月，即多出一個月的時機，用其春秋助我春秋，時間可以促其生長結果。

《達摩·洗髓經》的洗髓法有心身二個方面，一是洗心滌慮，出縛解纏，《易·繫辭》注曰：「洗心曰齊（齋），防範曰戒。」即佛教強調心魔尚未降伏之時要懺悔、清淨。懺悔，即自我批評，深刻認識自身的習氣；清淨即自淨其意。生理洗髓以靜坐和站樁為主，坐姿導引人體脊柱，外

易筋以堅其外

應二十四節氣，隨節氣變化而改變，是可以逐月驗證的，由氣候的變化來感受二十四節氣對人體的作用。學功者，尤其是體弱多病者，一是對節氣變化很麻木，另一種就是對節氣變化很敏感。這都是不能相應的結果，可在家中醒目處掛一份年曆，要有夏曆（農曆）的，事先用粗筆提前一天標出，這樣一旦節氣來臨，既知身體變化，提前利用自然界的能量來補充生命能量之不足的有效方法，也是體弱者應對節氣變化帶來疼苦的有效方法。

法數，《達摩‧洗髓經》之法數：「三年九載」，即修習《洗髓經》要三至九年。吐納「出入六六息」一呼一吸為一息，數六六息。

《八段錦導引法圖》之法數：「叩齒三十六」，數九息，做四組，合三十六。

又：「左右鳴天鼓，二十四度聞。漱津三十六，一口分三咽。」鳴天鼓八次，做三組，合二十四。漱津同上，津分三口咽。

又：「低頭攀足頻。再漱再吞津，如此三度畢，神水九次吞。」攀足頻十二次，漱津三十六為一度，做三度，吞咽九次。叩齒、抵舌、漱津、咽津是洗髓之入門功夫。「三年九載」在《達摩‧洗髓經》中出現二次，足以說明洗髓並非一年半載之事。

《八段錦導引法圖》每式重複的動作，三次、六次、八次、九次、十二次。或三、八的倍數。

古德云：練拳不練功，到老一場空。足以說明練功的重要性，所謂練功，即由導引吐納來疏經、理氣，使氣脈通暢，導引是肢體運動，待動作嫻熟，再配合呼吸，初學

吐納還是要「刻意」，再練到動作和呼吸合一後，注意守中，即在導引吐納時靜心體會升降開合，練到精滿氣足後守中之「中」才是實體。

在用意程度上，先著意重一點，到融入導引吐納後可著意淡些。導引、吐納、守中，在練習時都要先緊後鬆，古人云：一張一弛，文武之道。

十、《八段錦導引法圖》

第一段：閉目冥心坐，握固靜思神 。
　　　　叩齒①三十六，兩手抱崑崙②。

洗髓以清其內

握固　分解動作

易筋以堅其外

閉目冥心坐

經曰：肋腹運尾閭，握固按雙膝。

洗髓以清其內

叩齒三十六

兩手抱崑崙　　　　　　　　兩手抱崑崙
（正身位）　　　　　　　　（側身位）

易筋以堅其外

閉目冥心坐，握固靜思神：握固，閉目，冥心，盤跌而
　　　　　　　　　　　　坐。

叩齒三十六：扣齒三十六次（每組九次，作四組）。

兩手抱崑崙：又抱兩手於項後，數九息，呼吸不令耳聞，
　　　　　　　　（自此後出入息皆不可使耳聞）。

注：「叩齒集神」是第一段的要訣。

第二段：左右鳴天鼓， 二十四度聞。

洗髓以清其內

鳴天鼓
（正身位演示）

鳴天鼓
（後身位演示）

易筋以堅其外

左右鳴天鼓：移兩手心掩兩耳，先以第二指壓中指，彈擊後腦。

二十四度聞：左右各二十四次。

經曰：叩齒鳴天鼓。

注：「指擊後腦」是第二段的要訣。

第三段：微擺撼天柱③

洗髓以清其內

易筋以堅其外

洗髓以清其內

微擺撼天柱：搖頭左右顧，肩膊轉隨動二十四，先須握固。

注：「微搖天柱」是第三段的要訣。

第四段：赤龍④攪水井， 漱津⑤三十六。
　　　　神水⑥滿口勻， 一口分三咽 ，
　　　　龍行虎自奔。

易筋以堅其外

赤龍攪水井，漱津三十六

赤龍攪水井：赤龍者舌也，以舌攪口齒，並左右頰，待津
　　　　　　　液生而咽。
漱津三十六：一云：鼓嗽。
神水滿口勻
一口分三咽：所漱津液分作三口，作汨汨聲而咽之。
龍行虎自奔：液為龍，氣為虎。

經曰：有津續咽之，以意送入腹。

注：「赤龍攪海」是第四段的要訣。

第五段：閉氣⑦搓手熱　，背後摩精門⑧。
　　　　盡此一口氣　，想火燒臍輪⑨。

洗
髓
以
清
其
內

閉氣搓手熱

易筋以堅其外

背後摩精門

盡此一口氣，想火燒臍輪

洗
髓
以
清
其
內

閉氣搓手熱：以鼻引清氣閉之，少頃，搓手急數令熱極，
　　　　　　　鼻中徐徐乃放氣出。

背後摩精門：精門者，腰後外腎也，合手心摩畢，收手握
　　　　　　　固。

盡此一口氣：再閉氣也。

想火燒臍輪：閉口鼻之氣，想用心火下燒丹田，覺熱極即
　　　　　　　用後法。

經曰：推腎手推搠。

注：「摩運腎堂」是第五段的要訣。

第六段：左右轆轤轉^⑩。

背面圖

左右轆轤轉
分解動作一

易
筋
以
堅
其
外

洗髓以清其內

左右轆轤轉
分解動作二

背面圖

左右轆轤轉：俯首擺撼兩肩三十六，想火至丹田透雙關
　　　　　　入腦戶，鼻引清氣‧閉少頃間。

注：「單關轆轤」是第六段的要訣。

第七段：兩腳放舒伸， 叉手雙虛托。

易筋以堅其外

兩腳放舒伸

洗髓以清其內

叉手雙虛托
（正身位演示）

叉手雙虛托
（側身位演示）

易筋以堅其外

兩腳放舒伸： 放直兩足。

叉手雙虛托： 叉手相交，向上托空三次或九次。

經曰：分合按且舉。

注：「叉手按頂」是第七段的要訣。

第八段：低頭攀足頻 ，以候逆水上。

洗髓以清其內

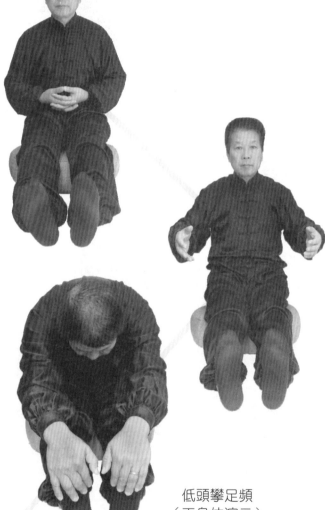

低頭攀足頻
（正身位演示）

低頭攀足頻
（側身位演示）

易筋以堅其外

低頭攀足頻：以兩手向前攀腳心十二次，乃收兩足，端坐。

經曰：伸足扳其趾。

注：「手足鉤攀」是低頭攀足頻的要訣。

以候逆水上
（正身位）

以候逆水上
（側身位）

洗髓以清其內

以候逆水上： 侯口中津液生，如未生再用急攪取水，同
　　　　　　　前法。

經曰：息心並滌慮，浹骨更洽髓。

注：「推出尾閭」是以候逆水上的要訣

再嗽再吞津，如此三度畢。
神水九次吞： 謂再嗽三十六，如前口分三咽，乃為九也。
咽下汩汩響，百脈自調勻。
河車**搬運訖：** 擺肩並身二十四次，再轉轆轤二十四次。
發火並身燒： 想丹田火，自下而上，遍燒身體，想時口
　　　　　　　鼻皆閉氣少頃。

邪魔不敢近，夢寐不能昏。
寒暑不能入，災病不能選。
子後午前做，造化合乾坤。
循環次第轉，八卦是良因。

　　訣曰：其法於甲子日，夜半子時起首，行時口中不得
出氣，唯鼻中微放清氣。每日子後午前，各行一次，或畫
夜共行三次，久而自知。濁除疾病，漸覺身輕，能勤苦不
怠，則仙道不遠矣。

　　高子曰：以上名《八段錦》法，乃古聖相傳，故為圖
有八。

　　握固二字，人多不考，豈特閉目見自己之目，冥心見
自己之心哉？趺坐時，當以左腳後跟曲頂腎莖根下，動處
不令精竅漏泄云耳（握固法詳見第一段錦）。行功何必拘以
子午，但一日之中，得有身閒心靜處，便是下手所在，多
寡隨行。若認定二時，忙迫當如之何？入道者，不可不知。

【注】

①**叩齒**：齒為筋骨之餘，常宜叩擊，使筋骨活動，心神清爽，
　　叩八的倍數。

②**崑崙**：內丹術術語，指兩耳後，上連玉枕，通百會。實指
　　頭、腦，上丹田之異名。

③**天柱**：內丹術術語，自上而下前三節脊柱骨，名天柱。

④**赤龍**：內丹術術語，指舌，赤龍捲水，納津咽氣。

⑤**漱津**：將舌抵上齶，久則生津液，下嚥時要汩汩有聲，意

想灌溉五臟，咽數以多為妙。《梁丘子延年法》：常以雞鳴時，仰臥被發，啄齒三十六通，吞津咽氣，遠死之道。

⑥**神水**：內丹術術語，口中津液，《性命圭旨》曰：「閉者塞兌垂簾兼逆聽，久而神水落黃庭也。」

⑦**閉氣**：內丹術術語，煉功至呼吸極微弱，若有若無謂閉氣。

⑧**摩精門**：內丹術術語，用手摩擦後腰兩側軟組織處，底胯骨上腰部。

⑨**臍輪**：內丹術術語，即下丹田之異名。

⑩**轆轤轉**：內丹術術語，指真氣沿任督脈升降，《玄微心印》曰：「陽動則運轉轆轤，勿遲勿急；不動則伏氣胎息，勿忘勿助；此又口訣之口訣也。」

⑪**河車**：內丹術術語，《鍾呂傳道集》曰：「河車者，起于北方正水之中腎真氣，真氣之所生之正氣，乃曰河車。」

十一、作者簡介

　　嚴蔚冰，一九五一年六月生於上海，自幼學武，師從唐金元等明師，從七十年代參加市體委舉辦的武術教練員培訓班，從此開始在各地拳操輔導站傳授武術、氣功。發掘整理武當功法《七星活氣功》，四川成都體院鄭懷賢教授傳《龍形功》。

　　一九八四年任黃石市科技諮詢服務部主任。

　　一九八六年在南京靈谷寺，恭請南京靈谷寺真慈大和尚為説三皈依。親近茗山長老。昌明法師。道根法師。顯光法師。本煥大和尚等。出任首屆黃石市佛教協會秘書長。

　　一九八六年任廣西桂林氣功保健研究中心主任。先後在廣西醫學院，廣西農學院，廣西師大，南京大學，湖北師範學院等辦班講學。被中國廠長經理研究會聘請為養生保健導師，應邀到江蘇省、河北省大型國營廠礦企業辦班。

　　一九八七年北京大學教授陳守良推薦到北京海澱氣功學院工作。

　　一九八七年率隊參加湖北省武術散打擂臺賽，獲團體第一名。代表湖北省隊參加首屆武術國際散手擂臺賽（見下圖，手捧獎狀者即為作者）。

　　二〇〇三年專修藥師琉璃光如來法門，顯宗藥師法門修持八年後，向青海省尖紮縣昂讓寺，嘉木祥·旦郤上師求藥師佛灌頂。

　　二〇〇六年任桂林愚自樂園副總經理兼養生事業體總經理。

手捧獎狀者即為作者

・學術交流

　　一九八四年參加全國體育氣功學術討論會，《足球運動員舌抵上齶的體會》獲論文錄用證書，同時被《體育與氣功》雜誌聘為特約記者。

　　一九八五年參加深圳國際氣功會議，獲優秀功法表演證書。《論「口訣」在氣功實踐中的地位與作用》獲大會交流證書。

　　一九八六年發掘整理《武當熊門七星活氣功》獲湖北省黃石市科協頒發的優秀科技成果二等獎。同年在武漢大學學習企業管理。

　　一九八七年被中國氣功科學研究會聘請為特約研究

員，同年參加第一屆全國氣功科學研究會（興城）。

一九八八年參加第二屆全國氣功研究會（青島）。

一九八九年編著《實用道家氣功法》，由廣西民族出版社出版，全國新華書店發行。一九九〇年再版，一九九一年重版，改版式為繁體字，海外由香港三聯書店發行，發行量幾萬冊。

一九九〇年被湖北省氣功科學研究會聘請為學術委員會特約研究員。

一九九二年參加湖北省道家內練功法學術研究會《道教西派源流考》獲優秀論文獎。同年任湖北省氣功科學研究會理事，學術委員會成員。

一九九二年經湖北省氣功科學研究會醫療專業委員會考核，批准為醫療氣功師，並頒發證書，同年開始對先天性腦癱的綜合康復計畫的研究，歷時三年，取得了國際公認的效果。

一九九三年參加《三楚第一山》的編寫。

一九九四年被東方文化館接納為館員。

一九九五年至一九九七年在上海閉關三年閱佛教《大藏經》。撰寫四十餘萬字的《佛教醫方明》，經茗山長老、南懷瑾老師審閱，南懷瑾老師建議改名《佛教醫方明集要》，按《四庫全書》之醫書形式編撰，同年被中國氣功科學研究會專家評審委員會批准為高級氣功師。

一九九八年初至今從事帕金森氏症的綜合治療研究。著《尋醫之路》第一輯，參加東京亞太地區第二屆帕金森氏會，在大會交流時引起強烈反響，世界衛生組織協調部主任費力高醫生從瑞士維也納發來賀電，稱讚用自然療法

治療帕金森氏症是一種新思維，並將此書推薦給歐洲帕金森氏會主席瑪莉‧柏加夫人。社會活動家柏加來函要求將文章在歐洲帕金森氏症會的出版委員會上刊登。

二〇〇〇年針對帕金森氏症設計了一套自然整體運動法，對治帕金森氏症。並在同年第三屆香港亞太地區帕金森氏症會上發表，日本國自然療法專家專程到上海求教。

二〇〇二年著《尋醫之路》第二輯，在第四屆漢城亞太地區帕金森氏症會上發表，其中《帕金森氏症整體運動鍛鍊法》受到大會歡迎，會後世界各國索要英文版和日文版的函件不斷。

二〇〇三年《帕金森氏症整體運動鍛鍊法》獲第二屆中華名醫世界論壇金獎。同年被中國醫療保健國際交流促進會授于「中國自然醫學傑出人才」。

二〇〇四年《尋醫之路》第二輯由廣西民族出版社出版，其中有中文、英文、日文三種文字。

二〇〇四年在廣西醫科大學，學習心理諮詢師教程。獲國家心理諮詢師資格證書。

二〇〇五年香港一時文化藝術出版社出版簡體版《達摩‧易筋經》。

二〇〇六年參加世界醫學（北京）氣功學術研討會。

二〇〇七年在和《中華養生保健》雜誌聯合舉辦《帕金森整體運動康復法》和《達摩‧易筋經》的函授教學。

二〇〇七年任世界醫學氣功學會常務理事、專家委員會委員。

二〇〇八年應菲律賓中國氣功研究會邀請二次赴馬尼拉開辦《達摩‧易筋經》、《達摩‧洗髓經》學習班，受到

各界專業人士好評。

　　二〇〇八年十一月繁體中文版《達摩·易筋經》由臺灣大展出版社有限公司出版發行。

　　二〇〇九年六月世界醫學氣功學會成立二十周年慶典主推傳統功法本衙藏板《達摩·易筋經》。

易筋以堅其外

洗髓以清其內

十二、國術古譜選編

中國自然醫學傑出人才嚴蔚冰先生選編國術古譜。首部國術古譜《達摩·易筋經》已於二〇〇五年五月正式出版發行。新版《達摩·易筋經》由書、DVD、掛圖組成，一經面世即深得讀者好評。二〇〇八年十月由臺灣大展出版社有限公司出版發行繁體字中文版，大家一致認為，這是一本難得的、看得懂、學得會的好書。有關專家也認為，此書是迄今為止，最為讀者著想的國術書籍，現應國術愛好者要求整理出版國術古本「本衙藏板」《達摩·洗髓經》。

在我第一次與嚴蔚冰先生見面時就發現，他不是一個重武輕文的人，而是一個涵養較深的習武之人，看他演練是一種享受。深交後才逐漸瞭解到他對運動心理學、運動生理學、運動醫學都有獨到的研究。

嚴老師為人低調，做事認真。當得知他幼從明師，藏有多種「國術古譜」時，我產生了弘揚民族文化的想法，於是專門開了一個小型的專業研討會，決定成立一個「國術古譜」編輯室。為編輯好《達摩·洗髓經》，我們請嚴蔚冰老師親自演練後講解《達摩·洗髓經》，經由嚴老師反覆講解和示範，講解要領，編輯室的同仁認真學習，反覆體會，才編輯成了一部人人可以看懂，又人人可以學會的《達摩·洗髓經》。一年多來編輯室的同仁，除自己受益外，又教了很多新學友，真可謂受益匪淺。

我們為了盡可能的保持《達摩·洗髓經》原貌，將原封面作為內封。關於「國術」與「武術」之差別，我們專

易筋以堅其外

門請教了嚴蔚冰老師，「國術」並不僅僅是人們耳熟能詳的「武術」。民國時期，中華民族體育運動統稱為「國術」，其內容廣泛，涉及到各種拳腳功夫套路，長、短、軟、火等兵器，還有增氣力的石鎖、石擔，對抗性的角力、摔跤、散打，騎術以及練習靈巧、平衡的各種技巧遊戲等等。據說當時《八段錦》就作為學堂裏的體操。

　　新中國成立後，政府體育部門將國術中的套路和器械通稱為「武術」，體育部門也為之制定了相應的競賽規則。內養功則劃歸衛生部國家中醫藥管理局，定名為「醫學氣功」，下屬有上海氣功研究所和北戴河氣功療養院等機構，註冊社團有世界醫學氣功學會和中國醫學氣功學會。應該說傳統武術與氣功是國術之精華，但不是國術之全貌，只能說武術與氣功和國術有很深的淵源。

　　為什麼我們還要沿用「國術」的概念呢？如果不說明白，人們會聯想到有人將中藥叫國藥，將中醫稱為國醫，其實不儘然。我們之所以仍稱「國術」是為了保持其「國術古本」之完整性。如《達摩‧洗髓經》除了保留了原文之法、「心法」。

　　國術，它主要由內外兩家技擊功夫和內外兩家修行方法所組成，內容引申到生活的方方面面，所謂運水擔柴，生活起居無不涉及，千百年來，已形成了一種獨特的文化，它汲取了中國古代哲學、古印度哲學、兵法、曆法、天文、地理、醫藥、仿生、宗教等諸多學科之精華，在歷史的長河中經歷了由簡到繁，再由繁到精的完善、提煉過程，從最初的「吹嘘呼吸」、「吐故納新」、「熊經鳥伸」，到「五禽戲」、「易筋經」、「八段錦」等，都是從生活實踐中總結出

洗髓以清其內

來的，是人類智慧的結晶。

　　國術古譜選編的當務之急是保護傳承，勇於實踐，使國術之原貌被更多的人認識。誠然，國術古譜也有不合時宜的「枝葉」，但從主體來看決不是宣揚封建迷信，更不是偽科學。嚴蔚冰老師勇於實踐，虛心好學，五十多歲了還去參加全國心理諮詢師的資格考試。他在成功編著《達摩・易筋經》後，又發心編著《達摩・洗髓經》，使這部被稱為國術之源的古譜得以造福人類。

　　這次出版的原著是選用「本衙藏板」。在盡可能保持古譜原貌的基礎上，為便於習練，增補了古圖譜，對古譜的操作方法，嚴蔚冰老師重新配了圖，動作要領又重新校核，更便於操作。原著「附錄」部分亦配圖和分段，書中之佛學、丹道、中醫學名相都作了注釋。「十二經筋圖」採用了中醫學新教科書的圖譜。

　　總之一切為學練者著想。最難能可貴的是，嚴老師為了使大家能真正理解和掌握全部《易筋》、《洗髓》之內涵，將所得傳承之要領全部寫在書上，學練者只要用心學練，一定會取得事半功倍的效果。

國術古譜編輯組　石卿

易筋以堅其外

洗髓以清其內

聯繫方式

嚴蔚冰

E-Mail：yan-weibing@hotmail.com

古籍善本《洗髓經》的發現

緣　起

　　戊子年上海東方電視臺有一訪談，介紹上海市第一批非物質文化遺產名錄，其負責人遺憾的表示第一批中沒有傳統體育競技項目。

　　余想上海開埠一百多年來真可謂藏龍臥虎，名振海內外的王子平、佟忠義、霍元甲、劉德生等，怎麼會沒有傳統體育競技呢？於是不揣鄙陋，擬將傳承之「本衙藏板」《達摩·易筋經》申報上海市非物質文化遺產。

　　吾雖依精習《達摩·易筋經》、《達摩·洗髓經》數十載，且有十數年教學經驗，但真正進入申報程式，才發現困難仍然很多。由於需要追溯的年代久遠，很多師輩們已先後謝世，仍健在的由於種種原因也一時很難找到。尤其是當得知唐金元老師的遺稿、遺物多被其後人燒掉後，我更是感覺到先輩們留下寶貴財富的珍貴和不易。嗚呼！非物質文化遺產如此之脆弱，稍有不慎即化為灰燼。正是由於這件事，我發心要將傳承之「本衙藏板」《達摩·易筋經》法脈傳承理清楚，使之得以更好的保護和流傳。

　　余在申報非物質文化遺產時常去上海圖書館古籍文獻室查資料，除了查閱「本衙藏板」《達摩·易筋經》殘卷外，還意外發現了一部明洪武年間《洗髓經》抄本。抄本後輯有「本衙藏板」《達摩·易筋經》之內容，書前有二篇序言，

一篇是唐代大歷元年杜鴻漸寫；一篇是明代洪武二十四年武當山五龍宮主持邱玄清寫。細細品讀《洗髓經》，全部採用道家術語言洗髓之法。

據此我們不難發現兩點：其一「本衙藏板」《達摩・易筋經》之內容應該可以追溯到元末明初，乃至更早。其二唐朝時期應當已有先賢將菩提達摩所傳的《洗髓經》用道家的術語翻譯了一遍，有研究三教合一的學者說「歷史上素有借道家之言，以文佛家之說，學者利其簡便也。」

《洗髓經》係由南北朝時期南天竺僧人菩提達摩所傳，釋慧可得達摩祖師傳承後一直在禪宗門內傳承，世人難窺其全貌，現今看到一部用道家術語譯出的《洗髓經》，甚感驚訝，細細品來，入手有據，行法和次第與「本衙藏板」《洗髓經》經義相同，尤其是第二篇序言是明代洪武二十四年武當山五龍宮住持邱玄清所寫，五龍宮的前任住持即邱玄清的師傅張三豐和佛家是有因緣的，從傳承法脈來看邱玄清繼承了張三豐的法脈是毫無疑問的，最近，中央電視臺十套播放的九集《問道武當》節目，其中以大量的史料清晰地展現了明代洪武年間武當山、五龍宮以及張三豐和邱玄清等的歷史面貌。

菩提達摩祖師傳禪法於慧可，慧可禪師的傳承到了唐朝，禪宗進入了鼎盛時期，六祖惠能將禪宗進一步發揚光大，惠能以後不傳衣缽，以心印心。惠能禪師用最通俗的語言將祖師的禪法告訴眾生，這就是著名的《六祖壇經》。惠能禪師對禪宗最大的貢獻是將源自古印度的禪宗成為漢傳佛教的禪宗開始深入人心，被廣泛的認同和接納。

我們看到「本衙藏板」《易筋經》和《洗髓經》，已將儒家和道家的內涵融入其中，在明代以後有關修身養性專著，釋、道、儒、醫的辭彙作為一條紐帶將彼此聯在一起，這也是由於修行總不離行、住、坐、臥、吃、喝、拉、撒，行法沒有什麼分別。「易筋以堅其體，洗髓以清其心」。至於所用佛教名相或道教術語已不重要，重要的是傳承法脈清晰。

　　自從發現古籍善本《洗髓經》後，余不敢獨享，因此類抄本傳世極少，原本也少人提及，文獻價值高，十分珍稀，現將抄本附錄於後，供同道研習，為使讀者看到抄本而不感到突兀，因此將發現之因緣寫在前面。

嚴蔚冰

戊子年　冬至日　於藏經室

補記：嚴蔚冰傳承之《達摩易筋經》已於 2009 年 6 月錄入
　　　上海市（省級）非物質文化遺產名錄

以下目錄係由古本《洗髓經》影印，

此卷《洗髓經》係由五龍宮主邱玄清所籍。

洗
髓
以
清
其
內

丹田

黃婆　金公

嬰兒　姹女

玄牝　水火　龍虎刀圭

內丹外丹　龍吟虎嘯

日精月華

度世寶訣

易筋以堅其外

179

明·《洗髓經》抄本　目錄

易筋以堅其外

洗髓經序

余甫象勺即好仙術而修心養性未得真詮遍歷名山訪求名師（明）一日於晉地栖真寺忽遇明僧號圓通劇談一日夜性地了然世雖分教有三不知儒家太極即道之金丹釋之圓覺三而二二而一者也再拜稽首叩指迷途蒙師鑒誠曰示提撕返而再往師不知所之矣止留一書在寺即洗髓真詮

捧歸細讀始悟向所為淺者非淺也入道
之基也向所慮深者非深也造道之極也
老朽年期顧果不能脫離塵埃超凡入聖
而僅得與諸弟子朝夕聚首皆老師
所賜是以謹錄書首凡學者無易易此
書切勿秘靳度世亦勿輕泄匪人是余之
所望也

大曆元年丙子春日覺非道者杜鴻漸識

洗髓以清其内

一、《洗髓經》序

　　余甫象勺，即好仙術而修心養性。未得真詮，遍歷名山，訪求名（明）師。一日於晉地「棲真寺」，忽遇明僧號「圓通」，劇談一日夜，性地了然。世雖分教有三，不知儒家太極，即道之金丹，釋之圓覺，三而二，二而一者也。再拜稽首，叩指迷途，蒙師鑒誠，日示提撕，返而再往，師不知所之矣。止留一書在寺，即《洗髓真詮》，捧歸細讀始悟，向所為淺者，非淺也，入道之基也。向所慮深者，非深也，造道之極也。

　　老朽年期頤果，不能脫離塵埃超凡入聖，而僅得與諸弟子朝夕聚首，皆老師所賜，是以謹錄書首，凡學者，無易易此書，切勿秘靳度世，亦勿輕泄匪人，是余之所望也。

大歷元年丙子春日

覺非道者杜鴻漸識

易筋以堅其外

洗髓以清其內

洗髓經又序

夫外功未竟難躋上壽內丹不結終歸下

乘所謂內丹者何洗髓是也髓何以曰洗人

秉天地之氣乃氣乃血為陰為陽不使至

健之陽洗盡此身之陰昌克超出三界離

脫五輪清也從事三丰張老師十有二載

一日至天柱山中指一石函曰此佛門真功

夫亦吾教真種子爾緣宜得焉須善守

易筋以堅其外

之是以結草五龍朝夕修煉一載而覺身

輕二載而覺此身至陰之氣洗盡無存日

噀數斗不自知其飽辟穀數十月不自知其

飢柰根淺福薄致皇命簡召不能若吾師

拂袖長往今聊述其事使後無忘書之本

來無昧學之真種子云

洪武二十四年歲次辛未

五龍道士恩拜監察御史邱玄清

二、《洗髓經》又序

夫外功未竟，難躋上壽，內丹不結，終歸下乘，所謂內丹者何，洗髓是也。「髓」何以曰：洗？人秉天地之氣，乃氣乃血，為陰為陽，不使至健之陽，洗盡此身之陰，曷克超出三界，離脫五輪清也。

從事三豐張老師十有二載，一日至天柱山中，指一石函曰：「此佛門真功夫，亦吾教真種子，爾緣宜得焉，須善守之。」是以結草五龍，朝夕修煉，一載而覺身輕，二載而覺此身至陰之氣洗盡，無存日啖數斗不自知其飽，辟穀數十月不自知其饑，奈根淺福薄，致皇命簡召，不能若吾師拂袖長往，今聊述其事，使後無忘書之本來，無昧學之真種子云。

洪武二十四年歲次辛未
五龍道士恩拜監察御史邱玄清

洗髓以清其內

三、洗髓總論

　　夫人稟天地而生，本自靈明知覺，自降生以至童冠，情竇一開，遂爾迷真，上古聖人，獨知此弊，故有了性修命等之事，傳流後世，以俟英敏者，習而行之。上士可以直入天衢；中士可以通靈通聖；下士可以長生永年。雖有三乘之說，若能一念精誠，堅修不輟，總可以成仙作佛。

　　故集中有三段工夫，第一外功，使感受之六氣，洗之殆盡；第二六通之說，使真靈真覺，洗滌無塵；第三定養工夫，如日濯其新，以至上乘。

　　有志者，先須拜訪明師，講究明白，如何入室，如何行功，將行持次序，預於旬日內，演習令熟，方始入室行持，早晚日用之外，有暇便行，行時須將雜念撇開，不使一毫牽掛，方為合法，堅修不斷，上智者，每功只須百日；中智者，每功二百日；下智者，每功須持一年。大凡飲酒、搏奕、閒談、遊走及一切不急之務，俱宜戒絕，而情欲尤為最要，蓋元神不完，性亦難固，可不痛戒歟，今將諸法開後，習之者，毋忽諸為囑。

四、外功訣

1. **獅子倒坐法**

   盤膝而坐，以兩手柱腿腕或住茵褥之上，以身倒仰，
   含津咽氣一口，納入丹田，意存玄關，良久放息呵轉。

2. **肘後飛金精法**

   睜眼三放三吸，其金液之精，始過尾閭下關，既過下
   關，務要鼻息緊閉，一氣直上，玉京七感，洗之畢盡，
   工夫純熟，他日得鼎，採藥之基立矣，然後可幾六通
   地位也。

3. **大河車轉法**

   三關轆轤之氣，轉運一如，功中提氣，上升從下關鼓
   動其氣，次第而至泥丸 。

4. **次撼崑崙法**

   撼即搖擺也，崑崙，即泥丸也。頂上至高，其氣難通，
   恐有阻滯 反致他病，故須擺肩搖頭，三十六數，將從
   金液之氣，輕送下元海。

5. **下部搬運法**

   以兩手擦熱，向湧泉穴；摩擦掌心，八十一下，又向
   腎根；擦如上數，即以熱手，向腰之左右，兩腎穴間，

各摩八十一下，以暖腎。

6. 上部搬運法

以兩手擦熱，摩面二十四次，因額為心之官；鼻為脾
之官；頤為肺之官；眼為肝之官；耳為腎之官；以助
五臟真氣。

五、六通訣

其法：先須擇日入室，以行打坐之功，兀坐蒲團，形
體端然，垂簾運息，不令耳聞，一日之內，行住坐臥，其
心如泰山，如此旬日，總行運息之功，運息者，乃隨鼻中
之呼吸，一出一入，以行功也。呼則為出，吸則為入。凡
鼻中一吸，即以提起其氣，自尾閭而至夾脊，以上玉枕關，
此一吸之功夫也。鼻中隨氣一呼，即自空咽一咽，使內之
氣不從鼻出，而入中宮黃庭，以至丹田氣海。此一呼之功
夫也。如此一呼一吸，為之一息。後升前降，周行一度，
謂之運轉河車。一呼一吸，為之一息。行之百二十息，且
自停止。但把心中雜念都忘，毫不一掛，聽其自然，隨意
行坐，唯使神不外馳可也。

1. 打坐既久，或至夜分，忽然心地冰清，暗室之中，明如
   白晝，目前諸物，皆自見之。此靜坐所至，未可便自為
   得，更加精進功修，緘默靜定，於是忽然，一性跳出形

體之外，及見自己肉身，便覺四大皆臭穢，此皆慧性所覺，一放開目，仍歸吾體，此則謂之心靜通也。

2. 心靜明通，更要加功默坐，勿令懈怠。功夫純熟，或居環堵，或在一室，不出戶庭，其有未來之事，皆已知之。此亦靜功所至，更須煉魔卻睡，不使昏惰，有失前功，此則謂之神境通也。

　嘿坐既久，于閒靜之時，忽而心神閉塞，坐臥泥丸，勿容妄思，有泄正氣。

3. 次拍頂門二十四，以降甘露；轉睛二十四，以卻心之客邪；叩齒二十四，以腎水上升；集神二十四，息是默叩，玄關以調神也。

4. 凡行此功訖，起身左右各扭九遍，以使周身氣血通和，所有六淫不知，混混漠漠，若不識東西南北，忽得心忙意亂，攪我靈室。如此之際，明曰：混沌，久之忽然，心地大開，無論遠近，方隅人物，山河景色，心之所至，一切了然，指掌此則謂之天眼通也。

5. 到此地位，切勿自足。務須進修，或靜坐之傾，不論晝夜，忽然耳中，聞有天神之語，如預報一切事情。此試吾道心堅否，無論善惡境界，悉當撥去，不宜執著，亦勿許交接，恐有邪魔所使，後學不知其弊，遂以為天神接，現與之交接，遂著其魔，不惟功行不成，命亦被其所攝。正所謂道高一尺，魔高一丈。可不慎哉。更有十種天樂，茲不具載，總之，斯時尚不可交接，須當預曉。此則謂之天耳通也。

6. 朝夕之間，入靜天定之，次忽而眼中，親見三世因果。

乃知前世是何人品，父母親妻兒，俱能識認。今生現世，所作所為，以至榮辱壽元多少，悉皆了然。又知來世，所作何究竟。此乃宿信通也。

7. 夜靜清宵，無思無掛。兀然靜坐之頃，忽然見身外之形，遊歷四方，不拘遠近，或與人言語，或報吉凶等事，或與人傳遞書信，此即道經所謂：出陰神耳。

　　到此地位，切戒妄遊。調氣收神，加功靜養。得出陽神，方始洗盡陰氣，為之了當，此則謂之他心通也。

六、《洗髓真詮·上乘二十四知》

1. **一知玄關一竅。**

即八寸四分之中，一寸二分，中宮是也。（人身心腎相去八寸四分，中一寸二分，謂之腔子裏，即玄關是也。）

2. **一知開關閉關。**

此指蹻脈而言，奇經八脈，陰蹻先開，然後七脈及諸脈皆開，乃造化之根也。一曰：生門，一曰：死戶，又曰：復命關、生死竅，又曰：天地根，造化穴，能開此竅，則陽長陰消，無處不通，不通則陰不能消，故口訣云：閉者為竅，開者為妙。其要不拘行、住、坐、臥之間，或以法舐之，或以訣運之，常使氣聚，

氣聚則關開，關開則脈通，以待陽氣發生之時，以訣
閉此竅，而真氣不致洩漏，上通諸脈，不至阻滯也。
仙經云：常使氣沖關節透，自然精滿穀神行。

3. 一知調息養氣。

　　心息相依，綿綿若存也。

4. 一知橐籥風生。

　　即呼吸得法，綿綿若存也。

5. 一知巽風坤火。

　　即前橐籥也，巽風宜鼓，坤火宜運，從下而上，中極
　　穴運用。

6. 一知烹煉陰精。

7. 一知煉精化氣。

　　注氣此竅須臾不亂，先天氣自竅中生，下手煉已，始
　　得精住，然後煉氣，氣住；然後煉神，神凝；然後還
　　虛，虛極；然後合道。

8. 一知先天後天。

　　即內外二藥也。先修後天完固，然後可招攝先天，混
　　合一家，結成鉛汞。

9. 一知鄞鄂先立。

即神室也。先有真種子為基，然後玄牝立為神室也。

10. 一知玄牝闔闢。

即真息綿綿，凝神入氣穴工夫也。

11. 一知融會交姤。

先天後天，打成一片也。

12. 一知河車轉運。

坎離交姤，姤後氣中生真一之水，滿則行。

13. 一知天人合發。

河車轉運，即人元也。迨八月十四夜，亥子交時，金旺水清，天地交姤，與人身沖和之氣相應，即天元也。盜天地，奪造化，正在此時，謂之九轉。

14. 一知河車停止。

陰氣日逐洗盡，陽氣收歸竅中，恍若月魄吸盡日魄，充滿大千世界，煉之攝之，至於千日，陰盡陽純，那得睡來如何，得神與氣合，則長生矣。到此不復運轉，只是忘形養氣，注意中宮，終日如愚，一味虛靜而已。

15. 一知煉氣化神。

河車停止後，只是虛靜，以俟真息綿綿，氣自化神，

杳渺恍惚之際，始知炎火，繼是雲蒸，此為真胎息，
息因胎生時也。

16. 一知混沌洪蒙。

此返太極於無極，昏昏默默，大死一般，雌雄交姤，
務使氣靜神平，而神不得出焉，神出，如大死再活矣。

17. 一知大死再活。

即神凝氣聚，百脈皆住，昏極而後明也。

18. 一知雷鳴電激。

到此混沌重開，水中火發，陰陽相擊，迸出一元，正
洗盡之時，至此不可忽略，唯心不散亂，順其自然，
不必拘於火候，而升降火候相符矣。

19. 一知煉神還虛。

雷鳴電激以後，一味任其自然，使知靜而不知有神，
有則滯而不化，唯不知不著而神自還虛，如龍養珠云。

20. 一知金丹點化。

要得先天真陽之氣，即五千四十八日經動之藥也。得
此點化，則破頂而出，然後演神，俟其強壯，但未可
摸鼎，恐有他虞，只待形神俱妙為了當，若不得此藥
點化，照後四段修持亦得到此也（此句真訣）。

21. 一知虛空粉碎。

捉住真空，自然而然，用力不得也。即為靜而不著。

22. 一知煉虛合道。

到此不識不知，無為自然，無心於有，亦無心於無，
此為得清靜道也。

23. 一知超出三界。

形神俱妙，與道合真，即靜居山中，煉藥濟世，救苦
救難，積德累功也。

24. 一知子又生孫。

變化無窮也。

七、內照真圖一

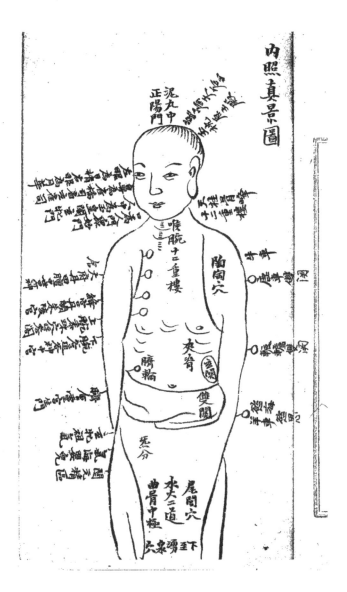

洗髓以清其內

內照真景圖一名，順序自上而下。

1. 正陽門，
2. 泥丸中，
3. 崑崙天谷山，
4. 玉枕原土殿，
5. 天柱骨峰，
6. 十二重樓，
7. 牛車，
8. 陶陶穴，
9. 鹿車雙關，
10. 夾脊雙關，
11. 轆轤雙關，
12. 羊車、慾海、慾思，
13. 尾閭穴、水火二道、曲骨中極。
14. 下至湧泉穴，
15. 關元、精區，
16. 氣海、嬰兒，
17. 玄牝、祖氣，
18. 臍會、靈宮、生門，
19. 下腕、谷道、谷神、中宮，
20. 上腕、黍珠穴、浮黎閣，
21. 絳宮、丹闕、朱陵宮，
22. 大府、丹田、膻中、世界、神舍，
23. 口為人門、眾妙門，

易筋以堅其外

24. 人中為玉皇閣、玄牝門，

25. 鼻為雀橋司雀、玄雀司，

26. 左眼為日精，右眼為月華。（以上自上而下）

    ①喉，

    ②腕十二重樓，

    ③臍輪，

    ④玄關，

    ⑤氣分（位在胸腹部位）。

洗髓以清其內

八、內照真圖二

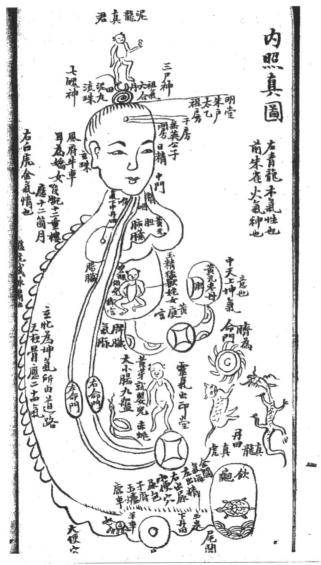

內照真景圖二名，順序自上而下。

1. 左青龍，木氣性也；前朱雀，火氣神也。

2. 泥龍真君，

3. 三屍神、祖氣、六合、丹田、泥丸、流珠、七魄神，

4. 明堂、朱戶、太乙、祖房，

5. 子房、無英公子、洞房，

6. 日精，

7. 中門，

8. 精，

9. 咽、喉，

10. 氣下中丹田，

11. 黃元，

12. 膽，

13. 肺臟，

14. 腸臟，

15. 玉精猛獸、姹女，碧眼胡兒、絳宮，

16. 意也，中天上坤氣，

17. 黃元老母，膽，

18. 黃庭宮，

19. 脾臟，

20. 氣脈，

21. 臍為命門，

22. 靈氣出印堂，

23. 黃芽就嬰兒，赤蛇，

24. 大小腸九盤，

25. 右命門，

26. 左命門，

27. 真龍，

28. 丹田，

29. 真虎，

30. 金闕，

31. 氣海，

32. 左出精，

33. 右出尿，

34. 小便穴，

35. 尿包，

36. 子府，

37. 玉爐，

38. 鹿車，

39. 龜飲，

40. 玉泉，

41. 下丹田，

42. 羊車，

43. 尾閭，

44. 大便穴，

45. 玄牝為坤氣，所由道路，

46. 天柱骨，應二十四節氣，

47. 後元武水精也，

48. 喉腕十二重樓，應十二箇月，

易筋以堅其外

49. 玄珠，

50. 風府牛車，

51. 耳為嬌女，

52. 右白虎金氣情也。

九、張三豐先生續補《洗髓經》語錄

1. 三關

上關曰：天目，頂門討之；中關曰：黃庭，中黃主之；下關曰：丹田，命門截之。此胎息之蒂，性命之所繫。

2. 丹田

天地五行真火結聚，附形於人曰：丹，三五之精，與土相附曰：田，屬地。臍下一寸三分關元穴，為下丹田，屬人。是結胎之處，聚氣之源。

3. 黃婆

黃者，脾中液也。黃者中之色；婆者母之稱。萬物生於土，土為萬物之母，故曰：黃婆。黃房者，脾也。橫理長尺約上，曰：長城、太倉，太倉，胃也。胃下臍上，脾橫長尺餘，人之意、智、靈、神所居，故又

以黃婆為意。

4. 金公

金何獨稱為公？此以理言也。蓋乾之中陽，入坤而成坎 ，為嬰兒，屬水。水生於金，是以曰公，故又名為鉛。

5. 嬰兒

坎位，本坤體也。太陰之體，受乾陽之氣而成坎也。為少陽，故曰：嬰兒。乃負陰抱陽之真氣也。

6. 姹女

離為太陽，何為姹女？蓋離本乾體，太陽乏之氣，受太陰之精，上交而成離，離為少女，故曰：姹女。乃雄裏懷雌之真液也。

7. 玄牝

（上圈是包頂上泥丸，下圈是貫臍下關元，中一小圈是黃房中之意主，乃玄牝發源之地。）玄牝者，泥丸

也。先天而生，故曰玄，後天而成，故曰牝。佛家之舍利寶藏，仙家之脫死崑崙是也。而運用源頭，寒在脾中之意也。

8. 水火

天地日月為水火，坎離心腎為水火，身中精氣為水火矢。上而炎者為火，下而潤者為水。是以理言也。從來神水出源，水不自動，須仗火蒸而潤下，況火旺于午，水受胎亦在午，以此求之，火中有水明矣。是一身之氣與液也，潛龍藏海底，兩腎中間一點明，又屬水中之火矣，是先天真陽之元氣也。

9. 龍虎　刀圭

龍者，離火中之已土；虎者，坎水中之戊土。故聖人煉已為降龍，持心為伏虎，煉已持心，使坎戊中真陽之精，與離已中真陰之氣，兩相凝合，結成自然之太極，而為刀圭。刀者，金之體，圭者，玉之質，乃喻金剛不壞之大丹也。

10. 內丹　外丹

大象如天地，變通為陰陽，以陽龍陰火，木液金精，二氣交合而成者，為之外丹。含和煉臟，吐故納新，上入泥丸，下注丹田，中朝絳宮，為之內丹。內丹可以延年，外丹可以升舉。

洗髓以清其內

11. 龍吟 虎嘯

煉氣保身，煉神保心，身不動則虎嘯風生，心不動則
龍吟云起，虎嘯則鉛投汞，龍吟則汞投鉛，鉛者，坎
中之陽精也；汞者，離中之陰氣也。煉精化氣保其身；
煉氣化神保其心。身定則神固，神固則命固，心定則
神全，神全則了性，身心合，性命全，則形神俱妙，
與道合真矣。

12. 日精 月華

月至每月初三，領太陽之氣，黑中弦白吐也。初起在
庚申之際，正金水旺之時也。於酉、戌、亥三時中，
不得過侯，擇明窗靜室之中，無露無風之處，對月光
而端坐，垂簾採虛靈以調息存神，使身中壬癸之氣，
承天氣而旺，以待一陽來複。

正師云：以一月所積之氣，所煉之神，乘西南旺時，
調息洗淨，淨而長陽，以象複卦是也。

悟真先生云：西南路上月華明，大藥還從此處生。急
向籬？中尋消息，須知採月採陽精。

夫西南為坤，坤初成震，震生庚，月內應人身之金火
將生，為順成天令也。如初三陽光，蛾眉一現，即金
氣將復，真陽欲兆，水源至清，未曾撓動，有氣無質
之際，急向斯時象之，其先天一氣，自虛無中點汞而
入鼎也。當知採月之華，即採日之陽精也。但初三月
初生，而取者為先天，次夜即屬後天，不可不知。

三豐先生云：月本無光借日光，吾本無固因他固，此

生不向此時活，更向何時活此生。

（按五龍道士傳流此書載明「二十四知」以前是《洗髓經》，原本「二十四知」以後是三豐先生續補，特志之以使後學勿忘云。）

十、度世寶訣

　　先聖曰：唯洗髓是人人的端，至哉言也。長生之道，本我一點靈光，洗盡後天之氣質，還返先天而已，第人氣質從情欲而來，後天日起，先天日暗，非澄神靜極，用一番洗濯功夫，先天之元性不見，則元精元氣不產，何所憑為性命之基，是故靜極而一陽動，採取交始？存養周足，至於純乾，是為性命雙修，洗髓之要金丹之道也。至後世要道不明，舉凡爐火服餌，栽接一切，悉俱謬妄。

　　丹經云：自家身裏結夫妻，可恍然矣。豈獨佛門講清淨者哉，夫人貪愛色根，豈有盡期，決不可於情欲中作活計，稍不清淨，即墜身苦海，戒之慎之，況血液氣精，無非陰質，咽納提攝，豈是陽生，總之不能清淨，以俟先天之氣，諸凡存想採藥，俱屬凡情妄念，非徒無益，往往奇疾隨之，余慮及此，復撰此言於《洗髓真詮》之後，盡掃諸喻，直泄性命玄機，言命之母，為先天氣；性之子，為先天靈。先由命以見性，性全矣。後以性而歸命，其功自澄，心守靜始，守靜又自收視返聽，始必至忘妄心，並忘

其心，自然返于太易，而先天之體始立，其言藥物，未便
用精氣神，而用精氣神之所產，其言鼎爐，非凡質本有，
必元氣生時，交會而後成，至於嬰兒之產，必元精、元氣、
元神盡合為一，而後脫胎，若然者，孰非得先天洗後天而
為之用，是之謂用而無用，是之謂用而無用，三中常守，
九轉功成，至斯謂已洗髓也可。謂成金丹也可。

　　昔授全書，誦心勿馳於意，與意為之生，恍有契曾氏
意誠心正，觀音返聞玄通之旨，乃約為二語曰：觀心心氣
息歸中，返聽聽性覺圓通。持此句日夜不懈，忽舌沉頂重，
漏滴聲寒，外若震撼，中宴恬然，半晌間妄生一意，引歸
土釜，前景遂香不可得，益信天機不假強為，聖師慈悲，
言言真詮也。遇此者，先須積功累行，則魔不作障，而聖
師旦暮遇之矣。上乘秘錄，詎可忽乎哉。

　　余素慕玄風，可以成仙，博覽丹經，不下數千百本，
非寓言即借指莫識實在，並有邪說惑人者，又甚致以御女，
為煉丹者，以捨身為修性者，紊亂正道，幾令智者失辯，
及讀《參同契》、《性命圭旨》兩書，始得稍探玄微，唯次
序互列，難尋入手，迨讀《洗髓經》有目有條，簡亮明白，
真言秘詮，字字珠璣，余年逾八旬，不能功到上乘，亦不
及中乘，習而行之，庶祛病延年，以邀上壽是所望焉。

如如子謹錄（全）

後　記

　　我發願將所藏國術善本供養大家，將所習「傳承與心得」供養大家。

　　《達摩・洗髓經》即將付梓，感恩先賢為傳承養生文化所付出的智慧。

　　《洗髓經》不同于《易筋經》，屬禪宗門內傳承，歷來密不示人。因此，傳世的法本甚少，偶有冠名《洗髓經》者，內容卻多與《洗髓經》並不相干。世間各種抄本又依自身體悟增增補補，刪刪減減，此實與菩提達摩初衷相左，達摩祖師不立文字，口傳心授，直指人心，所傳之法至精至簡。

　　本書所錄「本衙藏板」《達摩・洗髓經》是目前可以看到的最完整的法本（共七篇）。為使學人進階有基，得窺門徑，現不揣鄙陋，公開「傳承與心得」希望更多的人修習精進，福慧增長。

　　又附錄明・邱玄清所輯之《洗髓經》於後，供諸位學者印可。

嚴蔚冰書于浦東藏經室

戊子年冬至日

大展好書　好書大展
品嘗好書　冠群可期

大展好書　好書大展

品嘗好書　冠群可期